KB095772

웬일! 내가 진짜
영어로 말을 하네!

딱 30개 질문으로 한 달이면 말문이 터지는 영어

웬일! 내가 진짜 영어로 말을 하네!

1판 1쇄 인쇄 2019년 10월 5일
1판 1쇄 발행 2019년 10월 10일

지은이 오혜정 · 이영주
펴낸이 송준화
펴낸곳 아틀라스북스
등 록 2014년 8월 26일 제399-2017-000017호

기획편집총괄 송준화
마케팅총괄 박진규
디자인 김민정
본문일러스트 진주

주소 (12084) 경기도 남양주시 청학로 78 812호(스파빌)
전화 070-8825-6068
팩스 0303-3441-6068
이메일 atlasbooks@naver.com

ISBN 979-11-88194-15-5 (13320)
값 14,000원

이 도서의 국립중앙도서관 출판시도서목록(CIP)은 서지정보유통지원시스템 홈페이지(http://seoji.nl.go.kr)와 국가자료공동목록시스템(http://www.nl.go.kr/kolisnet)에서 이용하실 수 있습니다.(CIP제어번호 : CIP 2019035599)

딱 30개 질문으로
한 달이면
말문이 터지는
영어

웬일! 내가 진짜 영어로 말을 하네!

오혜정, 이영주 지음

아틀라스북스

글을 시작하며

우리 공저자는 영어회화를 더 잘하고 싶고, 영어를 더 효율적으로 가르쳐보고 싶다는 각자의 갈증에 대해 이야기하면서 그 해답을 찾기 위한 방법들을 면밀히 검토해보자는 결론을 얻었다. 그래서 1년이 넘는 시간 동안 기존 영어공부법 관련 책들을 연구하고 실험해봤고, 그 과정과 그로 인한 우리의 성장을 포함한 결과물을 기억하기 위해 '영어책 수다방'이라는 팟캐스트 채널 팟티(podty) 개인방송을 하게 됐다. 방송에서는 20권이 넘는 책만을 리뷰했지만, 각자 개인적으로 읽은 책들을 합하면 수십 권의 분량이 될 것이다. 반응도 나쁘지 않아서 기대 이상으로 많은 사람들이 들어줬다.

우리는 이 경험을 통해 다시 한 번 이런 사실들을 깨달았다.

첫째, 우리처럼 영어공부법에 관해 목말라 하는 사람들이 여전히 많다는 것과, 이들이 이 방법만큼은 자신에게 희망이 될 것이라는 마음에 방송과 책을 포함한 다양한 방식의 영어공부의 문을 두드리게 된다는 사실이다.

둘째, 기존 영어공부법 관련 책들은 영어공부를 하는 데 오히려 방해가 된다는 현실이다.

셋째, 대부분의 영어공부법 관련 책에서 너무 과한 미션을 주다 보니 많은 사람들이 시작도 하기 전에 포기하게 된다는 사실이다.

또한 많은 사람들이 영어공부법 관련 책을 덮고 나서 '아, 이렇게 공부해야겠구나'라는 결심과 동기부여만 얻을 뿐, 실제 능동적으로 공부하게 되는 결과로 이어지는 경우는 거의 없다는 사실이다.

새로운 영어공부 마인드맵의 출발점은 '나 자신'이어야 한다

그럼 위와 같은 악순환을 끊고 정말 현실적으로 영어를 포기하지 않고 꾸준히 공부하려면 어떻게 해야 할까?

우선 영어공부에 대한 '새로운 마인드맵'을 가져야 한다. 이를 위해서는 먼저 영어는 듣기부터 마스터해야 한다는 편견, 단어와 문법을 많이 익혀야만 영어 스피킹이 가능하다는 생각, 원어민 표현을 익혀야 한다는 생각, 영어회화책 한 권을 다 외우면 입이 트일 것이라는 사고의 틀에서 빠져나와야 한다.

이런 사고의 전제가 되는 방법들은 모두 '나 자신'이 아니라 '다른 사람이나 사물'을 대상으로 하는 콘텐츠이기 때문에 영어 스피킹 공부에 도움이 되기는커녕 오히려 방해요인이 될 수 있다. 무엇보다 이런 방법들의 가장 큰 문제는 영어 스피킹 실력을 향상시키는 데 있어서 시간 대비 효율이 떨어진다는 데 있다. 물론 장기적으로는 그런 콘텐츠들을 많이 쌓는 방법이 영어 스피킹 실력을 높이는 데 도움이 될 수 있다. 하지만 지금 당장 입을 열어서 영어로 외국인과 대화하려는 목표를 달성하기는 어렵다. 영어의 기초가 부족한 왕초보에게는 더더욱 그렇다.

외국인과 당장 영어로 대화하려면 내 일상, 내 관심분야, 내가 일하고 있는 분야에 관한 콘텐츠가 있어야 한다. 예를 들어 우리가 해외여행을 갈 때에는 미리 여행 관련 영어회화책을 사서 외우는 경우가 많다. 그런데 막상 여행지에 가면 그렇게 외운 표현들을 써먹을 상황을 접하기도 힘들고, 그런 상황이 생기더라도 회화책에서 알려주는 'A→B' 식의 대화가 이어지는 경우도 드물다.

따라서 여러분이 단기간에 영어 말문을 트는 효과를 얻고 싶다면 '다른 대상'이 아닌 '나'로부터 출발하는 공부법을 선택해야 한다. 물론 처음부터 자기소개하듯 이야기하는 것은 무리다. '나'에 관해 말하는 아주 간단하고 효과 만점인 방법은 '나에 관한 질문에 답하기'다. 예를 들면 'What did you do last weekend?(너는 지난 주말에 뭐했니?)'라는 질문에 대해 2줄이든 5줄이든 편하게 답을 달아보는 것이다.

물론 그런 질문을 만드는 것 자체가 고민일 수 있다. 그래서 이 책에 가장 보편적이고 대답하기 수월한, 더불어 '나'에 관한 콘텐츠를 확장해나갈 수 있는 30개의 미션 질문을 엄선해서 담았다. 이 30개 질문에 모두 답할 필요도 없다. 자신이 답하기 편한 질문만 선택해도 된다. 또한 영어 스피킹 수준을 더욱 올리고 싶다면 하나의 미션 질문에 대해 주기적으로 답을 해보는 방법을 권한다. 이런 식으로 매주 같은 질문에 다른 답을 쓰다 보면 어느 날 한 번에 2페이지 분량의 노트를 채우고 있는 스스로의 모습을 발견하게 될 것이다.

이런 방식으로 영어 스피킹 실력을 높이기 위한 구체적인 방법은 chapter 3 '01 영어 체화비법 4단계(쓰기-큰 소리로 읽기-외우기-녹음)'와 '02 최고의 스피킹 파트너, 파파고'에 자세히 설명해놓았다. 여기서 설명한 내용을 적용하면 누구나 쉽고 빠르게 자신에 대해 영어로 표현하고 대화할 수 있게 될 것이다.

다시 강조하지만 시간 대비 가장 효율적인 영어 스피킹 공부법은 다른 사람이나 사물을 대상으로 하는 표현을 익히는 방법이 아닌, 나 자신이 우리말로 자주 사용하는 문장을 영어로 쓰고, 읽고, 외우고, 녹음해보는 방법이다. 즉, 나만의 콘텐츠로 만든 영어 회화책으로 공부해야 내 스피킹 실력이 일취월장한다.

여러분이 이 책을 읽고 영어공부의 숨통이 트이고, 각 미션마다 제공된 여러분을 위한 회화노트 공간에 자신의 이름을 쓰고 대답을 써가면서 여러분만의 영어회화책을 한 줄 한 줄 완성해가는 기쁨을 누리기를 바란다. 아울러 이를 통해 외국인과 편하게 대화하는 날이 앞당겨지기를 간절히 바란다.

오혜정, 이영주

차례

유창한 영어실력, 디테일이 좌우한다

개성 있는 영어로 롱런하자

원어민 영어에 대한 환상에서 벗어나야 말문이 트인다

나만의 시스템으로 영어를 마스터해라

나는 왜 최고의 영어공부법책대로 안 되는가?

01

영어공부에 실패하는 2가지 이유

지금도 영어공부법에 관한 책은 꾸준히 나오고, 베스트셀러 목록에도 관련 도서가 한 권 이상 올라온다. 흥미로운 내용으로 가득한 그 책들은 언제나 우리의 시선을 사로잡고, 그 내용들을 따라하다 보면 나도 저자처럼 금방이라도 영어를 잘할 것 같은 마음이 샘솟는다. 이렇게 '이번에는 실패하지 않으리라' 마음을 다잡고 다시 영어공부에 도전한다. 그 도전의 과정은 대부분 이렇다.

우선 하루 종일 영어로 귀를 뚫어야 한다는 조언에 솔깃해져서 영어방송을 찾아서 듣기 시작한다. 무슨 말인지 모르겠지만 일단 들어본다. 문제는 그다음부터다. 집밖에 나가든 회사에 출근하든 귀에 들리는 것은 온통 우리말이다. 특히나 하루에 절반을 직장에서 보내야 하는 직장인들에게 '하루 종일 영어로 귀 뚫기'는 꿈

같은 이야기일 뿐이다. 퇴근 후 집에 돌아온들 사정은 나아지지 않는다. 몸은 벌써 천근만근으로 휴식이 필요한 상황에서 영어방송을 틀어놓지만 알아듣지도 못하겠고 자꾸 딴생각만 든다. 이렇게 '이번만큼은'이라고 다졌던 마음은 며칠 만에 현실이라는 벽 앞에서 무너진다.

 영어 스피킹 공부에 실패하는 2가지 이유

많은 사람이 이런 실패를 거듭하는 데에는 대부분 다음 2가지 이유가 있다.

1. 나의 상황(현실)에 맞지 않는 방법을 시도한다.

2. 뚜렷한 동기와 절박함이 없다.

영어공부법 관련 책들은 대부분 원어민 수준의 유창한 영어 스피킹을 목표로 한다. 엄청난 의지력이 없다면 결코 도달할 수 없는 수준이다. 뚜렷한 동기와 절박함 없이는 이런 의지력이 발휘되기 쉽지 않다. 따라서 책을 선택하기 전에 그런 수준의 영어가 나에게 진정으로 필요한지, 필요하다면 왜 필요한지를 진지하게 고민해야 한다. 구체적인 이유가 떠오르지 않는다면 그런 책들을 읽어봐야 시간낭비다. 그도 아니라면 재미와 열정이 있어야 한다. 문제는 재미와 열정은 스스로 만들어야지, 그런 책을 읽는다고 생기지는 않는다는 데 있다.

언제까지 실패만 반복할 것인가? 이밖에도 영어공부법에 대해 쓰고 싶은 말은 많다. 하지만 그 모든 말보다 이 책을 읽으면서 '무조건' 입을 열고 영어로 말하고 있는 여러분의 모습을 스스로 발견하기를 바란다.

02

내 영어의 출발점을 확인해라

우리가 영어공부법책을 선택할 때는 당연히 저자의 이력을 본다. 그들의 이력은 너무 화려하다. 그런 이력들은 하루아침에 만들어지지 않는다. 피나는 노력으로 영어를 마스터해서 얻은 이력일 수도, 직업 특성상 영어가 필수라서 만들어진 이력일 수도 있다. 어쨌든 그들에게는 영어가 절박했다.

영어공부를 시작하는 출발점은 모두 다르다

우리는 모두 영어공부라는 같은 목적을 가지고 있지만 그 출발점은 각자 다르다. 영어공부가 필요한 각자의 상황과 환경이 다르다는 의미다. 지금은 동시통역사인 필자(공저자 중 오혜정, 이하 혜정)의 경우 대학교 3학년 때 잠시 휴학을 하고 많은 시간을 영어 회화 공부에 할애했다. 당시에 거의 1년 동안 하루를 영어회화학원 새벽반으로 시작해 학교 빈 강의실에서 영어에 매진한 덕분에 웬만한 회화가 가능할 정도로 실력을 향상시킬 수 있었다. 그때의 필자의 방법을 여러분에게 따라해 보라고 하는 것은 무리한 요구임을 알고 있다. 당시 필자는 워낙 외국인과 영어로 소통하는 것이 신기해 영어 스피킹 연습을 즐기기도 했지만, 유네스코(UNESCO)에서 근무하겠다는 원대한 꿈을 이루기 위해 영어가 너무 절실했다는 출발점에 서 있었다.

이에 비해 어떤 사람은 해외여행에서 불편함이 없을 정도의 영어 스피킹을 하고 싶어서 또는 가끔 회사에서 외국인 바이어를 만날 일이 있어서, 외국인 친구를 사귀고 싶어서 등 다양한 출발점에 서 있을 수 있다. 출발점이 다양한 만큼 각자 영어공부에 쓸 수 있는 열정과 에너지도 다를 수밖에 없다. 그러니 영어공부법 책의 내용을 실천해도 모두 같은 결과가 나오기 힘들 뿐 아니라, 열정과 에너지가 부족해서 중도에 포기하는 일이 비일비재하다.

내 일상에 대한 문장으로 영어 말문 트기

위와 같은 실패를 겪고 싶지 않다면 영어공부를 위한 각자의 출발점과 상관없이 '영어 말문을 트겠다'라는 간단하고도 확실한 목표에 집중하는 것이 좋다. 이 목표를 달성하는 방법은 아주 간단하다. 영어공부를 결심한 순간 당장 입을 열어 이야기하면 된다. 무조건 문법책 한 권을 다 끝내야, 일정 시간 이상 영어 듣기를 해야만 영어 말문이 트일 수 있다 라는 생각은 목표달성을 계속 늦추게 하고 의욕을 떨어뜨려 좌절만을 남기게 된다.

원어민 표현을 익히는 방법도 좋고, 영화 대사를 외워서 활용하는 방법도 좋다. 그런 방법들을 활용하지 말라는 의미가 아니다. 부족한 영어표현이라도 나에 관해 또는 내 주변의 일상에 관해 말할 수 있도록 연습하는 것이 먼저라는 의미다. 자신의 일상이 아닌, 그 이외의 다른 콘텐츠에 대한 더 깊은 공부는 영어로 말하기가 어느 정도 익숙해졌을 때 해도 늦지 않다.

나의 일상에 관한 문장들은 가장 활용도가 높은 문장이기도 하다. 문장을 수없이 반복해서 읽는 것도 중요하고, 많은 문장을 외워서 표현을 익히는 것도 중요하다. 하지만 내 일상에 관한 문장들로 시작했을 때 우리는 더 이상 영어공부에 대한 좌절을 겪지 않게 된다.

03

영어 왕초보는 없다

우리가 영어 스피킹 기초를 쌓기 위해 선택하는 방식은 다양하다. 영어회화책을 보거나, 기초는 물론 회화실력을 단번에 늘려준다는 영화 한 편 외우기를 하거나, 영어뉴스를 듣거나, 기초회화 과정 강의를 듣거나 하는 방법이 대표적이다.

이런 방법들은 모두 내 안의 영어 인풋(input)량을 늘려준다는 점에서 나쁘지 않다. 문제는 실제로 써먹기 전에 포기하거나 기억이 날아가 버린다는 데 있다. 영어회화책 한 권을 외우기도 쉽지 않지만, 설사 외웠다 한들 일상생활에서 써먹을 확률이 많지 않다는 것이다.

나와 관계없는 문장으로는 말문을 열 수 없다

필자(공저자 중 이영주, 이하 영주) 역시 나름 영어회화책도 외워보고, 귀를 뚫어야 한다고 해서 거의 하루 종일 영어방송을 틀어놓고 들어보기도 하고, 영화 대사를 외워보기도 했다. 그리고 '이제 어느 정도 영어가 늘었겠지' 하는 자신감이 올라왔을 때 전화영어업체에 연락해서 무료 테스트를 핑계로 외국인과 통화할 기회를 얻었다. 결과는 처참했다. 술술 나올 것 같았던 영어가 쉬운 문장에도 버벅거리고, 무슨 말을 해야 할지 모를 막막함에 간신히 정해진 몇 분을 채우고 허무하게 통화가 끝나버렸다.

당시에는 뭐가 문제인지 도무지 알 수 없었다. 쉬운 문장뿐만 아니라 나름 어려운 문장들도 많이 안다고 생각했는데 왜 말로는 연결되지 않는지 답답하기만 했다. 그러다 외국인이 무엇을 물어보고 내가 어떻게 대답했는지를 차분히 생각해보니, 그동안 '나와 관계없는 문장'들을 연습하느라 정작 내 일상생활에 필요한 이야기들, 나에 관한 이야기들은 제대로 연습해본 적이 없다는 사실을 깨달았다. 그러다 보니 내가 무엇을 좋아하는지, 어제 무슨 일을 했는지, 여행을 갔을 때 어떤 에피소드를 겪었는지 등을 영어로 표현하지 못해서 머릿속이 하얘졌던 것이다.

이런 생각이 든 뒤 필자는 스스로의 일상부터 정리해봤다. 당연히 처음에는 우리말로 적고, 그 내용을 영어로 옮기는 연습을 해나갔다. 그러자 뭔가 잡히기 시작했다. 영어로 된 나만의 이야기가 생기기 시작한 것이다. 이런 식으로 채 한 달도 연습하지 않았는데 외국인과의 전화통화에서 원활한 의사소통을 할 수 있게 됐다.

 나만의 영어 인풋 만들기

"Would you like something to drink?"

코미디언 박명수 씨가 자주 쓰는 영어표현이다. 가끔 상황에 맞지 않게 사용해서 웃음을 주기도 한다. 그는 이 문장을 어떻게 쓰게 됐을까? 어디서 많이 들어본 문장일 수도 있고, 개인적으로 공부해서 알게 된 문장일 수도 있다. 그렇다고 이 한 문장을 사용하기 위해 'to 부정사'라는 문법지식을 익히거나, 기초 영어회화책 한 권을 외우지는 않았을 것이다.

이런 사례처럼 내게 필요한, 내 상황에 맞는 영어문장을 만들어서 말하는 연습을 하다 보면 그 자체가 기초지식이 되고 나의 인풋(input)이 된다. 나만의 관심사와 일상으로 가득 채우는 '레알 스토리 영어일기'를 만들어보는 것이다. 거창한 문장, 있어 보이는 문장을 사용하겠다는 허영에 빠지지만 않는다면 나에 관해 영어로 자연스럽게 표현하기까지는 많은 시간이 걸리지 않는다.

더 이상 스스로를 왕초보 또는 초보자라는 상자에 가두지 말자. 그 순간 계속 그 상자 속에 머무를 확률이 크다. 시중에 '왕초보를 위한'이라는 타이틀을 단 영어회화책과 강의가 넘쳐난다. 이런 상자 속에 빠지면 결국 왕초보 과정만 반복해서 시도하다 포기하거나, 정작 자신이 정말 하고 싶은 말은 못하고 계속해서 다른 공부법을 찾아 기웃거리는 악순환이 반복된다.

Chapter 2

더 이상 돌아가지 않는 영어 마스터 직진비법

01

영어, 진짜 내 이야기로 다시 시작하라

Chapter 1에서 설명했듯이 가장 좋은 영어 스피킹 교재는 내 관심사와 일상으로 가득 채운 '레알 스토리 영어일기'다. 물론 처음부터 레알 스토리로 일기를 줄줄 써내려가기는 쉽지 않다. 그러다 보니 뭔가 참고할 만한 교재나 부교재를 찾게 된다. 앞서 이야기한 '왕초보 생활영어', '왕초보 영어회화' 같은 책이다. 그런데 그런 책에 나오는 표현들은 매우 유용하리라는 생각과는 달리 거의 사용할 일이 없는 표현들이 절반 이상이다.

예를 들면 어떤 회화책에는 항공권을 예매할 때부터, 기내에서 서비스 등을 요청할 때, 입국심사대를 통과할 때 사용하는 문장이 나온다. 하지만 요즘에는 대부분 항공권을 온라인으로 예매하기 때문에 항공권 예매와 관련된 표현을 쓸 일이 거의 없다.

다른 표현들도 상황은 크게 다르지 않다. 무작정 외우기도 힘들지만, 설사 외웠다 한들 실제 현장에서는 책에 나오는 것처럼 'A→B' 식의 대화가 이어지지 않는다. 그때부터 꼬이기 시작한다. 의외의 상황이 생기기도 하고, 사람에 따라 쓰는 표현이 제각각이기 때문에 책의 표현들은 무용지물이 된다.

따라서 이보다는 내가 여행을 할 때 많이 쓰는 말들을 영어로 써 보고 익히는 방식이 나에게 직접적이고 가장 큰 도움이 될 수 있다.

기초영어회화 공부법의 한계

또한 그런 책에는 우리에게 생소한 표현들이 많이 나온다. 예전에 필자는 한 책에서 'Don't be a chicken!(겁먹지 마!)'이라는 표현을 본 적이 있다. 처음에는 뭔가 새롭기도 하고, 다 아는 단어로 된 표현이라서 쉽다는 생각이 들었다. 하지만 실제로 이런 표현을 써본 적은 없다. 이런 표현은 보통 아주 친한 상대에게 쓰는데, 필자의 경우 설사 친한 사이라도 굳이 이런 표현보다는 'I want you not to feel afraid(나는 네가 두려워하지 않기를 원해)'라는 직접적인 표현을 쓴다.

또한 영어권 국가의 문화적 특성이 너무 심하게 가미되어 직관적인 이해가 어렵고, 그러다 보니 선뜻 사용하기가 애매한 표현들이 많다. 예를 들면 이런 표현들이다.

It slipped my mind. 깜빡 잊고 있었어.

Don't remind me. 그만 이야기해.

이런 표현들을 처음 보면 '어라, 이게 왜 이런 뜻이 되지?'라는 의아함이 들 수 있다. 첫 번째 문장은 '그것이 내 마음에서 빠져나갔다'가 '아, 잊었다'라는 의미로 전달되는 것이고, 두 번째 문장은 '나에게 상기시키지 마라'가 '그만 이야기하라'는 의미로 전달되는 것이다. 이와 같이 영어권 국가만의 고유한 언어체계에 따른 표현들을 우리가 한 번에 이해하기는 쉽지 않다.

'그럼 이런 문장들은 쓸모가 없는 걸까?'라고 하면, 꼭 그렇지는 않다. 다만 영어로 쉽게 표현할 수 있는 말이 충분히 많아졌을 때, 필요에 따라 이런저런 다양한 표현들을 익히는 것이 좋다는 의미다.

몇 년 전부터 '패턴영어'가 대세다. 자주 사용하는 짧은 표현을 기초로 응용문장을 만들어보는 방식을 말한다. 하지만 패턴영어로 문장을 만드는 데에는 한계가 있다. 그렇게 만든 문장으로는 긴 대화를 이어갈 수 없다. 특히 일상적인 대화를 나눌 때에는 패턴영어가 거의 쓰이지 않는다. 이처럼 패턴영어나 기본 핵심문장 몇 백 개를 외우는 방식으로 학습하면 그 틀 안에 갇혀서 취약한 영어가 될 수 있다.

영어일기 쓰기가 주는 기적의 효과

필자는 패턴영어를 외운 적이 없다. 앞에서 이야기한 영어일기를 쓰는 식으로, 주로 주중이나 주말에 한 일을 간단히 영어로 써보거나, 나의 주요 관심사나 좋아하는 활동에 대해 영어로 쓰고 큰 소리로 말하면서 외우고 녹음하는 작업을 반복했다. 이런 식으로 나 자신에 대한 이야기를 영어로 옮기는 연습을 하다 보면 문장을 만드는 능력이 생기고, 패턴영어를 따로 연습하지 않더라도 그 문장들이 자연스럽게 스며든다.

필자가 위와 같은 식으로 영어를 익힐 때에는 주로 한영사전을 이용했는데, 요즘은 '파파고'라는 번역어플이 있어서 영작하기가 정말 수월해졌다. 이런 어플을 이용해서 나만의 문장을 차곡차곡 쌓다 보면 불과 몇 달만에 영어 스피킹 수준이 확연히 달라진다는 사실을 발견하게 된다. 참고로 파파고를 스마트하게 사용하는 방법에 대해서는 뒤에서 별도로 설명하겠다(49쪽 참조).

필자의 경우 나만의 이야기를 영어로 쓰기 시작하면서 신이 나고 영어공부할 맛이 났다. 나중에는 2페이지를 빽빽하게 채울 정도로 주말일기의 분량이 늘어났다.

쓰는 것만큼 외우는 것도 중요하다. 처음에는 과연 내가 2페이지 분량의 영어일기를 다 외울 수 있을까 하는 생각이 들었다. 하지만 내가 주말에 한 일을 내가 말하는 스타일로 만든 문장이기 때문에 말하기도 쉽고, 전체적인 흐름을 떠올리다 보면 당연히 외우기도 쉬웠다. 비슷한 표현들이 겹쳐도 상관없다. 아니, 오히려 같은 표현을 반복할 수 있어서 더 좋다.

일상적인 표현들이 영어 스피킹의 바탕이 된다

영어공부법 관련 책을 쓴 한 저자는 처음에 영화로 영어공부를 시작해서 효과를 봤다고 했다. 그런데 그가 다음으로 선택한 학습법은 영어문장을 짧게 끊어서 표현하는 방식과 자신이 표현하고 싶은 문장을 수없이 만들어보는 방식이었다. 그러면서 독자들에게는 자신과는 반대로 영화로 학습하는 방식을 나중에 활용하라고 권한다. 이를 보면 영화 등을 이용한 영어학습법에 대해 냉정히 생각해볼 필요가 있다. 만일 그 저자가 영화를 이용한 학습만으로 회화의 어려움을 다 해소했다면 문장을 쪼개고 일상적인 문장을 만들어보는 연습을 했을까?

필자 또한 '영절하(영어공부 절대로 하지 마라)'에서 소개한 방법을 포함하여 팝송이나 영화 대본으로 공부하기, CNN 받아쓰기 등 여러 가지 영어공부법을 시도해봤다. 하지만 필자의 영어실력이 가장 많이 늘었던 때는 바로 나만의 레알 스토리 영어일기를 조금씩 채워나가면서부터였다. 필자의 영어실력의 8할은 이런 이야기를 쓰고 외우고 녹음한 나만의 영어회화교재에 의해 완성됐다고 해도 과언이 아니다. 통역사로서 국제회의에서 동시통역을 할 때에도 이런 식으로 익힌 문장들을 많이 사용했다. 즉, 화려하고 긴 문장이 아니라, 일상생활에서 주로 쓰이는 간결하고 의미전

달이 잘 되는 문장들을 활용했다. 물론 국제회의라는 특성상 중간중간 전문용어가 들어가기는 하지만, 그 바탕은 이런 일상적인 문장들이었다.

영어 스피킹 실력이 필요해 아직까지도 사방으로 그 방법을 찾고 있거나, 마땅히 손에 잡히는 방법이 없어서 공부를 시작도 못했다면 레알 스토리 영어일기가 나의 마지막 영어공부법이라 생각하고 실행해보자. 하루 10분을 왕초보 영어회화책에 있는 표현을 외우는 데 쓰지 말고, 자신의 이야기를 쓰고 읽고 외우고 녹음하는 데 써보자. 분명 여러분의 영어실력에 기적이 일어날 것이다.

02

30개 미션으로 평생 쓸 영어를 완성하라

막상 나만의 레알 스토리 영어일기를 쓰려다 보면 어떤 이야기로 시작할지가 막막할 수 있다. 만일 당장 영어로 말해야 할 상황이 있다면 그 상황을 상상해서 하고 싶은 말을 써 보고 연습하는 것이 가장 첫 번째가 된다.

만일 그런 상황이 아니라면 어떤 이야기부터 시작해야 할까? 그래서 여기 30개 미션을 준비했다. 미션? 보통 이 표현은 게임에서 아이템 등을 득템해야 하는 상황에서 많이 접했을 것이다. 이 책에서 제시하는 30개 미션 역시 여러분이 영어 스피킹 실력을 '득템'하기 위해 수행해야 하는 과정들이라고 이해하면 되겠다.

30개 미션은 바로 '나에 관한 질문'들로 이루어져 있다. 사실

내 일상에 대해 직접 30개의 주제를 정해보려면 고민만 하다가 지치기 쉽다. 하지만 이렇게 일상에 관한 30개 질문을 딱 집어주면 그런 고민을 할 필요가 없어서 세상 편하다. 30개 질문에 다 대답할 필요도 없다. 자신이 끌리는 질문에만 답을 써 봐도 좋고, 같은 질문에 답을 바꿔가면서 써 보는 것도 좋다. 필자의 경우 'What did you do last weekend?(너는 지난 주말에 뭐했니?)'라는 질문만으로 3개월간 꾸준히 답을 쓰고 외우고를 반복했다. 이렇게만 해도 여러분의 영어실력이 일취월장한다.

그럼 이 책에 담긴 30개 미션은 어떤 기준에서 선정됐고, 그 의미가 무엇인지 알아보자.

하나 가장 많이 사용하는 표현이다

보편적으로 많이 접하는, 즉 우리가 살면서 가장 많이 사용하는 질문을 모았다. 예를 들어 '너는 지난 주말에 뭐했니?(What did you do last weekend?)', '너는 여가시간에 뭐해?(What do you do in your free time?)', '너는 제일 좋아하는 음식이 뭐야?(What's your favorite food?)' 등은 세계 어느 나라 사람을 만나더라도 편하게 던질 수 있는 질문들이다. 또 영어회화학원이나 전화영어에서 가장 많이 하는 질문이기도 하다. 이처럼 30개 미션은 허황되거나 비현실적인 질문이 아닌, 일상에서 가장 많이 사용하는 질문들이기 때문에 어디에서든 바로 활용할 수 있다.

또한 이런 질문들은 일상생활뿐만 아니라, 비즈니스나 여행을 할 때에도 활용할 수 있다. 사실 비즈니스영어의 본질은 일상회화다. 일상회화 문장에서 일상적인(casual) 단어를 격식 있는(formal) 단어로 바꾸고, 자신의 전문분야에서 쓰이는 용어들을 추가하면 비즈니스영어가 된다. 해외여행을 할 때에도 내가 평소에 궁금했던 것에 대한 대화가 많기 때문에 일상회화의 틀에서 크게 벗어날 일이 없다. 결국 보편적인 질문에 대한 답을 써 보는 방식이 모든 영어의 기초작업(groundwork)이 된다.

 대답하기가 까다롭지 않다

30개 질문은 모두 답을 하는 데 많은 생각이 필요하지 않으므로 머리 아플 일이 별로 없다. 대답하기가 복잡한 질문들은 영어할 맛을 떨어뜨린다. 예를 들면 '네가 투명인간이라면 무엇을 하고 싶니?', '너에게 10억 원이 생긴다면 무엇을 하고 싶니?' 같은 질문들이 그렇다. 사실 이런 질문에는 우리말로 답하기도 쉽지 않다. 가정법을 이용해 즉흥적으로 답을 할 수는 있겠지만, 실생활에서 많이 사용하는 표현들이 아니기 때문에 잊어버리기 쉽다. 반면에 이 책에 나오는 30개 질문들은 모두 실생활과 관련된 것들이라서 고민 없이 답을 써나갈 수 있다.

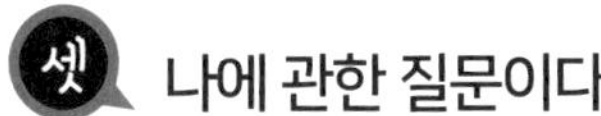

셋 나에 관한 질문이다

30개 미션은 모두 다른 사람이 아닌 '나 자신'에 대한 질문이다. 그래서 흥미롭고 재밌다. 실전에서 필요한 영어문장을 기억해내는 데 있어서는 자신의 이야기가 최고다. 다른 사람과 대화할 때에는 결국 내 이야기를 하게 된다. 대부분의 대화가 내 생활패턴 안에서 이루어진다는 것이다. 영어로 말한다고 해서 다를 것이 없다. 여행에서 만난 외국인과 하고 싶은 이야기를 써 보고 연습하더라도, 그것은 결국 내 이야기가 된다. 영화로 공부하든 영어교재로 공부하든 그 표현들을 나에게 적용하는 과정을 거쳐야 온전히 내 것이 된다. 따라서 영어 스피킹 공부는 처음부터 내 이야기로 시작하는 것이 가장 효율적이며, 효과도 배가 된다.

베스트셀러라고 해서 필자가 구입했던 한 영어회화교재에는 첫 대화에 'I want to kill myself(나는 죽고 싶더라)'라는 문장이 나온다. 내용이 자극적이라서 'I want to~(나는 ~하는 것을 원해)'라는 표현을 외우기는 쉽겠지만, 이 문장을 일상에서 얼마나 자주 사용할까? 세상에는 성격도 취향도 다른 다양한 사람들이 살고 있다. 영어로 말을 하면 뭔가 멋지고 자극적인 표현을 쓸 것 같지만 사실은 자신의 모국어 말투가 그대로 영어뿐만 아니라 모든 외국어의 말투로 이어진다. 물론 다른 사람이 쓰거나 알려주는 문장을 내 영어표현에 참고할 수는 있다. 하지만 가장 좋은 영어교재는 나만의 말투와 내 이야기로 이루어진 나만의 콘텐츠다.

03
한 달만 해보면 무조건 말문이 터진다

30개 미션에 답을 써 보는 일이 내 영어 스피킹 실력에는 어떤 효과를 만들어줄까? 그 효과는 다음과 같다.

하나 한 달 안에 의사표현이 가능하다

첫 번째 효과는 한 달 안에 자기의사표현이 가능해진다는 것이다. 30개 미션 중 1~2개의 주제로만 일주일에 2~3번 정도 한 달을 연습해보면 이것을 실감할 수 있다. 답을 굳이 길게 쓰지 않아도 된다. 처음에는 3문장도 좋고 5문장, 10문장도 좋다. 예를 들어 '너는 여가시간에 뭐하는 것을 좋아하니?(what do you like to do in your free time?)'에 대해 이런 식으로 짧게 여러 문장을 만드는 것만으로 충분히 내가 하고 싶은 말을 전달할 수 있다.

I like computer games. 나는 컴퓨터 게임을 좋아해.

I love Overwatch. 나는 오버워치를 정말 좋아해.

I play it with my friends. 나는 친구와 함께해.

I usually do it after dinner. 나는 보통 저녁식사 후에 해.

It is really fun. 그것은 정말 재미있어.

이렇게 간단한 문장을 써서 큰 소리로 읽고 말하고 녹음하고 외우면 된다. 매일 이런 과정을 반복하다 보면 영어 스피킹을 할 때 어떻게 문장을 구성해야 하는지에 대한 감이 온다. 또한 이렇게 짧은 표현을 반복해서 연습하다 지겨운 감이 들었을 때 표현을 좀 더 세세하게 들어가면 더 큰 재미를 느낄 수 있다. 예를 들어 처음에는 이런 식으로 내가 한 일들을 시간 순으로 써본다.

나는 홈플러스에 갔다 → 나는 쇼핑을 했다 → 나는 집에 왔다

그러다 이것이 익숙해지고 지겨운 감이 생겼을 때 이런 식으로 내가 한 일들을 더 세세하게 구체적으로 표현해본다.

나는 홈플러스에 갔다 → 나는 쇼핑을 했다 → 나는 마음에 드는 옷을 못 찾았다 → 나는 옷가게 직원에게 내가 원하는 스타일을 설명했다 → 그랬더니 직원분이 다른 옷을 보여주셨다 → 그 옷의 색깔이 참 마음에 들었다 → 나는 고민이 되었다 → …

이렇게 점차 이야기의 가지를 뻗어나가다 보면 같은 질문에 대해 내가 한 일을 단순하게 시간 순으로 배열했던 것보다 더 많은 표현을 배울 수 있고, 그러다 보면 각 미션별로 대답을 2~3페이지까지도 늘려갈 수 있다.

정도의 차이는 있겠지만, 이렇게 한 달 동안 꾸준히 미션을 수행하면 영어 스피킹 실력이 늘 수밖에 없다. 말문이 '터지는' 것이다. 한 달 동안 눈이 아닌, 입 근육을 이용해 열심히 학습한 효과다. 언어는 눈이 아닌 입 근육을 열심히 움직여서 학습할 때 가장 큰 효과를 기대할 수 있다. 그것이 언제라도 바로 활용할 수 있는 실전연습이기 때문이다.

내 이야기라서 부담 없이 시작할 수 있다

30개 미션은 모두 다른 사람이 아닌, 나 자신에 대한 주제라서 부담 없이 시작할 수 있다. 시중에 영어공부법에 관한 많은 책들이 나와 있지만, 아쉽게도 막상 그 안에는 우리의 일상과 거리가 있는 생소한 표현들이 많다. 생소하면 기억하기가 쉽지 않다. 일상에서 반복해서 사용할 일이 적기 때문에 장기기억으로 저장되지 않는다. 뇌가 이미 나와 상관없는 표현이라고 정의했기 때문이다.

또한 이렇게 생소한 문장을 계속 머릿속에 주입하려다 보면 어느 순간 뇌가 쉽게 피곤해지고 재미도 없어진다. 책 속에 있는 A→B 식 대화처럼 말해주는 사람도 없다. 그러다 보니 애써 외운 문장들이 온데간데없이 기억 저편으로 사라져버린다.

회화책에 담긴 멋지고 화려한 표현을 익히고 싶은 마음은 굴뚝같겠지만, 그 마음은 나중으로 미뤄두자. 그리고 우선은 30개 미션을 통해 내 이야기를 쉬운 문장으로 써 보고 읽고 외워보자. 일단 진짜 리얼한 내 이야기라서 흥미가 생기고 재미있다. 복잡한 표현을 쓸 필요 없이 파파고의 도움을 받아 간결하게 문장을 만들어보자. 그러면 영어공부가 할 만하고, 만만하다는 생각이 들게 된다. 꾸준히 할 수 있다는 자신감이 들고, 영어 스피킹 정복이 눈앞에 그려진다.

셋 나만의 영어회화교재를 만들 수 있다

30개 미션을 꾸준히 수행하다 보면 어느 순간 내 이야기로만 꽉 찬 '나만의 영어회화책'을 완성할 수 있다. 내가 언제 어디서든 바로 써먹을 수 있는 훌륭한 데이터베이스가 생기는 것이다. 30개 미션을 기준으로 3개월 동안 주말일기만 써 봐도 어마어마한 자신의 이야기를 만들 수 있다. 같은 질문이라도 주말에 있었던 일에 따라 다른 내용들이 업그레이드되므로, 쓰고 읽는 과정에서 영작실력뿐 아니라 영어 스피킹 실력이 쑥쑥 느는 경험을 할 수 있다.

필자의 경우 3개월 동안 두꺼운 스프링 노트 한 권 분량의 나의 이야기를 만들 수 있었고, 그 내용들을 보면서 처음 시작했을 때에 비해 영어실력이 얼마나 향상됐는지를 확인하는 뿌듯함도 느낄 수 있었다. 이렇게 만들어진 영어회화책은 내가 좋아하는 것, 내가 주로 하는 일, 나의 관심분야 등 나에 관한 모든 이야기가 담겨있는, 세상 어디에도 없는 나만의 자산이다.

이렇게 만들어진 나만의 데이터베이스를 계속 업데이트해나가면 영어실력을 더욱 향상시킬 수 있다. 예를 들어 내가 연습한 표현을 직장에서 사용했는데 부족함이 느껴졌다면, 나의 회화책에 해당 내용을 보충해서 써주면 된다. 새로운 어휘를 찾아서 전에 쓴 문장을 바꿔볼 수도 있고, 표현을 더 간결하게 바꿔볼 수도 있다. 이런 과정을 반복하다 보면 어느 순간 외국인과 두려움 없이 영어로 대화하고 있는 스스로의 모습을 발견하게 될 것이다.

Chapter 3

지금 바로 써먹을 수 있는 영어를 하자

01
영어 체화비법 4단계

영어공부법에 관한 책을 보면 대부분 '영어공부에는 왕도가 없다'라고 이야기한다. 하지만 필자의 경험으로는 분명 왕도가 있다. 그 왕도의 첫걸음은 앞서 강조했듯이 '내 이야기'로 문장을 만들고, 읽고, 외우고, 녹음하는 것이다. 그 과정을 간략하게 요약하면 다음과 같다.

자신의 일상에 대한 이야기를 영어로 써 본다

영어문장을 만들기 어렵다면 파파고의 도움을 받으면 된다. 주중이든 주말이든 나에게 있었던 일을 주제로 잡는다. 영화를 본 일, 친구를 만난 일, 새로운 맛집을 발견한 일 등 그야말로 나만의 일상을 일기처럼 써 본다. 예를 들면 이런 식이다.

I watched a movie with my friend last weekend.

나는 지난 주말에 친구와 함께 영화를 봤다.

Then we went to the cafe nearby.

그러고 나서 우리는 근처 카페에 갔다.

I drank cappuccino and my friend drank green tea.

나는 카푸치노를 마셨고, 친구는 녹차를 마셨다.

 그 문장들을 반복해서 큰 소리로 여러 번 읽는다

'굳이 큰 소리로 읽어야 하나'라고 의구심을 가질 수도 있다. 하지만 그냥 눈으로 보고 읽을 줄 아는 것과 소리 내어 크게 읽으면서 직접 말을 해보는 것은 천지차이다. 내가 문장을 만드는 목표는 결국 '스피킹'이다. 스피킹은 의사소통을 하는 것이다. 직접 말을 해봐야 내 목소리가 내 귀에 들려서 듣기 공부까지 된다.

눈이라는 하나의 감각기관이 아니라, 문장을 보고 말하고, 말한 것을 다시 듣는 과정을 통해 3가지 감각기관을 활용함으로써 문장을 기억하는 데 훨씬 큰 효과를 얻을 수 있다. 또한 직접 소리 내어 말을 해보면 내가 모르는 부분이 잡히기 때문에 말하기 교정효과도 아주 탁월하다.

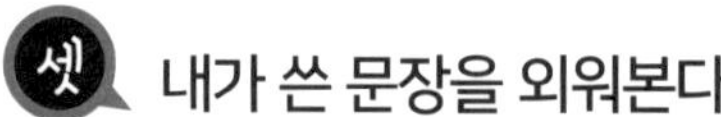

셋 내가 쓴 문장을 외워본다

사실 위의 두 번째 단계를 거치다 보면 굳이 따로 외울 필요도 없다. 내가 만든 문장을 반복해서 소리 내어 읽다 보면 자연스럽게 외워지기 때문이다. 다른 사람이 아닌 내 이야기이기 때문에 와닿아서 외우기도 빠르다.

만일 두 번째 단계에서 외우기가 잘 안 된다면 다음 3가지 방법을 써보길 바란다. 우선 내가 쓴 문장이 짧고 쉬운지 확인해본다. 동사가 여러 개 들어갔다면 하나만 들어가게 문장을 고쳐볼 수도 있다. 이와 더불어 처음부터 많은 문장을 쓰면 외워야 할 분량도 늘어나므로 스스로 소화할 정도로 문장 수를 줄이는 방법도 있다. 마지막으로 내가 쓴 문장을 다 외우지 못했다는 사실에 좌절할 필요가 없다. 처음부터 100퍼센트 다 외우려 하기보다 50퍼센트로 목표를 잡고 70퍼센트로 점차 늘려나가는 것도 뇌에 부담을 주지 않으면서 꾸준히 해나갈 수 있는 방법이다.

이렇게 한 달 남짓 하다 보면 반복되는 문장과 겹치는 문장이 많아져서 시간이 갈수록 외우기 실력이 점차 향상된다는 사실을 확연히 느낄 수 있다.

넷 외운 문장들을 녹음해서 내 목소리를 들어본다

모든 문장을 다 외워서 녹음하기 부담스러우면 처음 몇 번은 노트를 보고 읽으면서 녹음해도 좋다. 처음에는 내 목소리를 듣는 것 자체가 어색할 수 있다. 하지만 녹음해서 듣는 과정을 몇 번 반복하다 보면 '아, 내 목소리가 이렇구나'라는 생각이 들면서 자신의 목소리에 익숙해진다.

간혹 이런 어색함이 싫어서 녹음을 꺼려하는 사람도 있다. 하지만 스스로의 영어수준을 올리고 싶다면 이 단계를 반드시 뛰어넘어야 한다. 이 단계를 통해 스스로의 영어상태를 직면해야만 갈수록 영어실력이 향상되는 것을 확인할 수 있다. 예를 들면 앞의 첫 번째 단계에서의 사례처럼 친구와 함께 영화를 본 똑같은 이야기를 일정한 시간간격을 두고 녹음해서 들어보면 시간이 갈수록 발음이나 말하기의 질이 확연히 달라진다는 사실을 느낄 수 있다. 같은 내용을 여러 번 녹음하고 듣는 과정에서 자연스럽게 '아, 이 부분이 왠지 이상한데'라는 생각이 들면서 스스로 안 되는 부분을 확인해서 교정할 수 있기 때문이다.

필자의 경우 처음에 f와 p 발음이 유독 헷갈려서 녹음한 문장들을 반복해서 들어봤다. 이 과정에서 두 발음의 차이를 알게 됐고 결국 확실히 발음을 구분할 수 있게 됐다. 그러다 보니 전체적으로 문장을 말하는 흐름(flow)도 자연스러워졌다.

처음 녹음할 때에는 더듬거릴 수도 있고, 단어가 생소해서 발음이 잘못될 수도 있다. 예를 들어 'I watched a movie with my friend last weekend(나는 지난 주말에 친구와 함께 영화를 봤다)'라는 문장을 외워서 녹음한다고 해보자. 처음에는 어색하지만 시간을 두고 반복해서 녹음해보면 점차 말하기가 편해지고, 단어와 문장이 익숙해지면서 억양, 강세, 문장의 흐름이 자연스러워져서 똑같은 문장이라도 정말 품격이 다른 영어문장을 구사하는 맛을 경험할 수 있다.

‘영어 스피킹을 잘하고 싶은데 도대체 어떻게 어디서부터 시작하면 좋을까?’

‘문법은 어느 정도 아는 것 같은데 스피킹은 왜 이렇게 안 되나?’

‘왜 나는 외국인만 만나면 입이 굳어버릴까?’

이런 고민들 때문에 영어회화학원도 다녀보고, 영어공부법책도 여러 권 봤지만 여전히 답을 얻지 못했다면, 지금 당장 위의 방법들을 실천해보자. 빠른 시간 내에 영어 말문이 트이고, 시간이 갈수록 영어 스피킹의 질이 향상된다는 사실을 직접 체험할 수 있을 것이다.

미션 1

※ 미션마다 나오는 '혜정이의 회화노트'와 '영주의 회화노트'는 미션에 따른 표현의 예시입니다. 이를 참조하여 남은 공간에 여러분 각자의 일상에 대한 표현을 자유롭게 써보기 바랍니다. 문장을 만들기 어렵다면 고민하지 말고 '파파고'의 도움을 받아보세요.

네 소개 좀 해줄래?

Can you introduce yourself?

혜정이의 회화노트

Hello.

안녕

I am Carly.

나는 칼리야

I live in Sejong City.

나는 세종 시에 살아.

I have two younger sisters and a younger brother.

나는 여동생 2명과 남동생 1명이 있어.

I like Cappuccino.

나는 카푸치노를 좋아해.

I enjoy reading books and working out.

나는 독서와 운동하는 것을 즐겨.

_______ 의 회화노트

02
최고의 스피킹 파트너, 파파고

많은 사람들이 앞에서 설명한 내용을 읽고 이런 의문이 들 것이다.

'나는 영작을 못하는데 어떻게 내 이야기를 영어로 써 보라는 거지?'

필자가 한창 주말 영어일기를 쓰던 대학시절에는 인터넷 대중화의 초창기였고, 최신형 폴더식 휴대전화에 한영사전과 영한사전을 탑재해주는 정도의 기술이 발전한 때였다. 그러다 보니 필자는 100퍼센트 한영사전에 의존해서 주말 영어일기를 썼었다. 예를 들어 '감기에 걸리다(catch a cold)'는 아는데 '독감'을 모르면 한영사전의 'ㄷ' 파트에서 '독감(flu)'을 찾아야 했다. 당연히 영작하는 데 시간이 꽤 걸렸다. 이후 네이버 영어사전이 나오면서 영

작의 수고로움은 눈에 띄게 줄어들었다.

그러다 단어 검색수준이 아닌, 문장 전체를 영작해주는 어플이 나왔다. 바로 '파파고'다. 앵무새 모양의 로고를 가진 이 어플에 한글 문장을 입력하면 문장 전체가 영작된다. 이 어플은 영어뿐만 아니라 프랑스어, 스페인어, 독일어, 일본어 등 다국어 번역기능도 제공한다.

다만 우리가 파파고를 영어 스피킹 실력을 늘리는 데 효과적으로 활용하려면 지금부터 설명하는 몇 가지 팁을 알아야 한다.

하나 문장을 짧게 잘라라

파파고 어플에 영작할 문장을 너무 길게 입력하면 잘못된 결과값을 얻을 수 있다. 예를 들어, '버스를 기다렸는데 안와서 화가 많이 났다'라고 입력하면 'I waited for the bus, but I was very angry because <u>I didn't come</u>'이라는 결과값이 나온다.(뒤에 설명하겠지만 파파고는 계속해서 진화하기 때문에 오늘 입력한 문장을 다음 날 입력했을 때 다른 결과값이 나올 수 있다.)

문장을 길게 입력하는 과정에서 '안 와서'의 주체(주어)를 명시하지 않다 보니 그 주체가 '나'로 영작된 것이다. 따라서 처음 파파고를 활용할 때에는 가급적 문장을 짧게 잘라서 입력하고, 주어를 반드시 써주는 것이 좋다. 예를 들어 위의 문장을 '나는 버스를 기다렸다', '그런데 그 버스가 안 왔다', '그래서 나는 화가 많이 났다'라는 식으로 짧게 잘라서 입력하는 것이다. 그러면 각 문장에 대해 'I waited for the bus', 'But the bus did not come', 'So I was very angry'라는 결과값을 얻을 수 있다.

이런 식으로 문장을 짧게 끊어서 영작하는 방식이 익숙해진 다음에는 최대 2개의 의미 단락으로 입력하는 방식을 추천한다. 즉, 앞의 문장을 다음과 같이 2개의 단락으로 나눠서 입력하면 보다 간결하게 의미를 전달할 수 있는 결과값을 얻을 수 있다.

나는 버스를 기다렸는데 그 버스가 오지 않았다.

→ I waited for the bus, but it didn't come.

그래서 나는 화가 많이 났다.

→ So, I was very angry.

우리말을 흔들어서 보다 명확한 문장을 입력하라

국가별 문화특색이 강한 문장을 영작할 때에는 올바른 단어를 사용하고 있는지를 확인해봐야 한다. 특히 국가별로 언어를 사용하는 독특한 패턴이 있는데, 이런 경우 상황을 좀 더 구체적으로 설명하는 방식으로 표현해주면 더욱 명확한 결과값을 얻을 수 있다. 예를 들어 파파고를 이용해 아래 문장을 영작해보자.

> 봄이라 머리도 띵하고 나른해서 동네 아는 동생한테 전화해서 점심을 먹자고 했다.

일단 문장이 너무 길므로 앞서 설명한 첫 번째 규칙에 맞춰 문장을 짧게 자르고 주어를 붙여준다. 그런 다음 각 문장을 파파고에 입력하면 아래와 같은 결과값이 나온다.

봄이다.

→ It is spring.

나는 머리가 띵했다.

→ My hair was burning.

나는 나른했다.

→ I was languid.

나는 동네 아는 동생에게 전화했다.

→ I called my brother, who knew the neighborhood.

나는 점심을 먹자고 했다.

→ I asked for lunch.

그런데 위의 결과값 중 두 번째 문장을 보면 '나는 머리가 띵하다'가 'My hair was burning'로 오역돼 있다. '내 머리카락이 타고 있었다'의 의미가 된 것이다. 이런 경우 우리말을 흔들어서 더욱 구체적인 표현으로 바꿔보면 다음과 같이 올바른 결과값을 얻을 수 있다.

나는 어지러웠다.(또는 '나는 약간의 두통이 있었다.')

→ I felt dizzy(또는 'I had a slight headache.')

또한 네 번째 문장에서 '동네 아는 동생'이라는 표현도 흔들어줄 필요가 있다. 일단 영어권 국가에서는 친형제자매가 아닌 이상 '동생', '누나', '오빠'라는 호칭을 사용하지 않는다. 대신 그냥 이름을 부르며 '친구'라고 표현한다. 또한 '동네 아는 동생'이라는 표현 자체도 '동네를 아는 동생'으로 오역되므로, 그냥 '같은 동네에 사는 친구'와 같이 구체적인 문구로 바꿔주는 것이 좋다. 그러면 'a friend who lives in the same neighborhood'라는 좀 더 쉽고 간결한 결과값을 얻을 수 있다.

파파고를 처음 이용할 때에는 위와 같은 시행착오가 생길 수 있지만, 우리말을 흔들어서 더 명확한 표현으로 고치는 연습을 하다 보면 차츰 노하우가 생기게 된다.

음성 듣기를 꼭 해보고 모르는 단어는 찾아본다

한글문장을 입력해서 파파고 영작결과가 나오면 꼭 음성 듣기를 해서 발음을 확인해보는 것이 좋다. 또 영작결과에서 모르는 단어가 있으면 네이버사전 등에서 해당 단어의 뜻을 찾아봐야 여러분의 어휘실력이 쑥쑥 향상된다.

문법이 궁금할 때에는 중1 수준 교재를 참조한다

파파고를 이용해서 간단한 문장을 영작해보자. 예를 들어 '나는 행복하다', '그는 행복하다'라고 입력하면 'I am happy', 'He is happy'라는 결과값이 나온다. 이 영문에서 'am'과 'is'는 대략 '~이다'의 뜻인 듯한데 형태는 다르다. 물론 고등학교 때까지 배운 기초 영문법을 기억한다면 이러한 차이는 무난하게 이해하고 넘어갈 수 있다. 하지만 그마저 모른다면 답답함을 느끼게 된다.

만일 이런 답답함을 해소하기 위해 왕초보 영문법책을 찾는다면 '중학교 1학년 수준'의 책을 추천한다. 능률출판사에서 나온 《능률중학영어》 예비중 또는 중1 학습서 정도면 적당하다. 구성도 좋고 핵심정리가 잘 돼 있어서 필요한 문법을 쉽게 찾을 수 있다. 다만 이런 교재를 처음부터 꼼꼼히 다 볼 필요는 없고, 영작을 하다가 필요한 부분, 특히 동사 파트의 표를 참고하면 큰 도움이 될 것이다.

사람의 성향에 따라 어떤 사람은 좀 알아야 넘어가는 사람이 있고, 어떤 사람은 대충 넘어가면서 학습하는 사람이 있다. 필자 역시 오랫동안 전자의 성향이었다. 하지만 전자만을 고수하면 지칠 수 있다. 완벽함을 추구하려다 학습을 시작도 못하는 우를 범하게 된다.

기억하자. 문법이 아니라 '말하기'가 주(主)다. 말하기 목표를 세운 다음 필요할 때 문법책을 뒤져라. 문법책이 주가 되면 빨리 지쳐서 지속적인 학습이 힘들어진다.

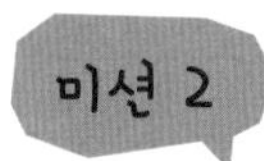

너는 지난 주말에 뭐했니?

What did you do last weekend?

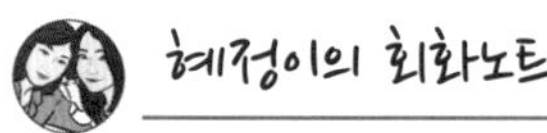

My sister and her son visited my place.

나의 여동생과 그녀의 아들이 우리 집을 방문했어.

We went to Cheongju, because we wanted to go to an English bookstore.

우리는 청주에 갔어. 왜냐하면 우리는 영어서점에 가기를 원했기 때문이야.

First, we went to Japanese restaurant 'Mankai'.

먼저 우리는 일본 식당 '만카이'에 갔어.

Then we went to a bookstore nearby.

그러고 나서 우리는 근처 서점에 갔어.

There were many English books.

그곳에는 많은 영어책이 있었어.

I bought a few books.

나는 몇 권의 책을 샀어.

__________ 의 회화노트

03

파파고는 매일 업데이트된다

영작을 할 때 파파고의 도움을 받으면서도 '뭔가 문법적으로 정확하지 않을 것 같고, 문장을 제대로 못 만들 것 같다'라는 의구심이 들 수 있다. 하지만 안심해도 된다. 파파고는 문법에 맞는 표현을 쓰기 때문에 걱정할 필요가 없다.

우리말을 흔들어야 결과값이 명확해진다

물론 파파고를 활용해서 10개 문장을 영작했을 때 한 문장은 틀릴 수 있다. 그럼에도 파파고만큼 믿을 만한 어플이 없다. 다만 내가 활용하기 나름이다. 파파고는 내가 어떻게 문장을 입력하느냐에 따라 영작문을 만들어주기 때문에, 표현이 잘못됐다면 파파고의 문제가 아니라 언어의 문제일 수 있다. 특히 영어는 우리말과 달리 구체적으로 표현해야 하는 언어이기 때문에 '보이는 현상 그대로' 표현해주는 것이 좋다. 말하자면 파파고가 나와 같은 성인이라고 생각하지 말고 딱 5세 수준의 어린아이라고 생각하고 문장을 만들어서 입력하자.

또 쉽게 알아들을 수 있게 문장을 가능한 한 짧게 끊어 쓰고, 주어와 동사를 정확히 써주자. 예를 들어 '나 컨디션이 안 좋았어. 그래서 나는 하루 종일 이불 안에 있었어. 그러고 나서 좀 괜찮아졌어'라는 문장을 파파고에 입력하면 이런 영작문이 만들어진다.

I wasn't feeling well. So I stayed in bed all day. And then I got better.

아주 만족스러운 결과다. 이 정도면 외국인과 소통하는 데 전혀 문제가 없다. 그런데 위의 말을 우리의 일상적인 표현방식처럼 '컨디션이 안 좋아서 하루 종일 이불에서 안 떨어지고 딱 붙어 있었더니 좀 나아졌어'라고 입력하면 이런 영작문이 만들어진다.

I am not feeling well, so I've been stuck in bed all day, and I've been feeling better.

이 결과값도 아주 훌륭하지만, 영어 스피킹 공부를 처음 시작하는 단계라면 'stuck', 'I've been feeling' 등의 단어나 문구가 생소해서 해당 문장을 기억하기가 쉽지 않다. 또한 'stuck in bed'와 같은 어색한 표현이 나오는 이유는, 앞에서 이야기했듯이 우리말을 흔들어서 구체적인 현상 중심으로 표현하는 필터링을 하지 않았기 때문이다.

'나는 미용실에 가서 귀를 파서 머리를 잘라달라고 했다'라는 표현도 그런 경우다. 이 문장을 파파고에 입력하면 이런 영작문이 만들어진다.

I went to the hair salon and dug my ears and asked for my hair cut.

우리말을 흔들어서 현상 중심의 구체적인 표현으로 바꾸는 필터링 과정을 건너뛰다 보니 'dug my ears(내 귀를 팠다)'라는 오역이 나왔다. 따라서 이 문장을 '나는 머리를 잘라 달라고 했다 / 내 귀가 보일 수 있도록(so I can see my ears)' 또는 '머리카락이 귀 뒤로 가도록(so my hair goes behind ears)'처럼 구체적인 현상을 묘사하는 형태로 바꿔줘야 한다. 다만 이런 표현은 각자의 입장에 따라 다양한 형태로 만들어질 수 있다.

영작에 대한 부담과 수고로움이 줄어든다

필자는 성인을 대상으로 영어회화수업을 할 때에도 파파고를 사용해 주말이나 주중 에피소드를 영작하고, 그 내용을 외워서 발표하게 한다. 수강생들은 처음에는 파파고 사용을 어색해 하지만 계속해서 사용하다 보면 너무 편하고 좋아서 파파고에 대한 감동을 감추지 못한다. 문장을 짧게 끊어서 입력하면 그 결과값이 90퍼센트 이상 매우 만족스럽게 나오기 때문이다.

또한 파파고는 계속해서 데이터베이스를 업데이트하며 진화하기 때문에 며칠 전에 입력한 문장을 똑같이 입력해도 다른 결과값이 나온다.

한영·영한사전을 일일이 찾아가며 영어공부를 하던 때를 생각해보면, 지금은 그때와 비교할 수 없을 정도로 다양한 종류의 유용한 영어공부 어플이 나와 있다. 오히려 어느 것 하나를 선택하기 어려워 머리가 아플 지경이다. 마음 먹기에 따라 한 달 안에도 영어 스피킹이 가능한 환경이 갖춰져 있는 것이다. 그중에서도 파파고만한 영어 스피킹 선생님이자 베프도 없다. 여러분이 파파고를 스마트하게 잘 다루면 영작에 대한 심적 부담감과 수고로움이 줄고 영어공부에 자신감이 붙을 것이다.

미션 3

너는 외국인 친구에게 한국의 어디를 보여주고 싶니?
Which parts in Korea do you want to show to your friends from other countries?

혜정이의 회화노트

I want to take friends to Gyeongju.

나는 친구들을 경주로 데려가고 싶어.

There are many great places to visit.

그곳에는 방문할 만한 멋진 장소들이 많아.

For example, there are wonderful historical sites such as Bulguksa Temple, Cheomsengdae, Daerungwon forest, and so on.

예를 들어, 불국사, 첨성대, 대릉원 등과 같은 멋진 역사유적지가 있어.

I also want to take friends to a great restaurant nearby.

나는 또한 친구들을 근처 좋은 식당으로 데려가고 싶어.

It serves Korean traditional dishes.

그 식당은 한정식을 제공해.

You can enjoy Galbi(rib roasted with seasonings).

너는 갈비(양념을 입혀서 구운 갈비)를 맛있게 먹을 수 있어.

That is fantastic.

그것은 정말 맛있어.

_______의 회화노트

04

문장은 무조건 짧게 잘라라

앞의 내용에서 언급했듯이 우리말과 영어 간에는 근본적인 언어적 차이가 있다. 먼저 우리말은 '과정' 중심의 언어이기 때문에 '동작'에 큰 의미를 둔다. 그래서 동사와 형용사와 같은 '용언'이 발달돼 있는 편이다.

반면에 영어는 '현상' 중심의 언어이기 때문에 '눈에 보이는 상태'를 구체적으로 표현하는 데 비중을 둔다. 즉, 구체적인 사고와 관찰에 중점을 두기 때문에 '명사'가 발달돼 있는 편이다.

예를 들어 한국인과 미국인에게 '산을 그려보라'는 미션을 주면, 한국인은 그냥 산을 그리는 반면 미국인은 다시 '무슨 산?'이라고 질문한다. 자신이 실제로 가본 산을 생각해내서 그리느라 시간도 오래 걸린다.

어린아이의 표현방식처럼 문장을 짧게 잘라라

위와 같은 차이가 있기 때문에 우리말을 영어로 바꿀 때에는 사물과 현상 하나하나를 유심히 관찰해서 구체적으로 표현할 필요가 있다. 가장 좋은 방법은, 눈에 보이는 현상을 있는 그대로 재구조화해서 문장을 만드는 것이다. 쉽게 말하면 아이들이 표현하는 방식처럼 문장을 짧게 자르라는 것이다.

예를 들어 다음과 같이 우리가 일반적으로 표현하는 방식의 문장이 있다.

> 학교 수업을 끝내고 영화 상영시간이 촉박해 헐레벌떡 극장에 뛰어 들어가니 마침 광고를 하고 있어 다행이었다. 영화내용은 잘 기억이 안 나고 그냥 할리우드 배우가 영어로 뭔가를 열심히 말하고 있는 모습이 인상적이었다.

이 문장을 그대로 파파고에 입력하면 다음과 같이 2개의 긴 영작문이 나온다.

> I was fortunate that I was just running an advertisement when I jumped into the theater because I was running out of time for the movie

after finishing school class. I can't remember much about the movie and I was just impressed by the Hollywood actor saying something hard in English.

꽤 만족스러운 결과값이기는 하지만 '문장이 너무 길어서' 머릿속에 잘 들어오지는 않는다. 문장을 짧게 자르지 않고 내가 평소 말하는 방식대로 문장을 입력하니 당연히 영작문도 길어질 수밖에 없다. 또한 문장이 길어지다 보니 'I was just running an advertisement(내가 광고를 하고 있었다)'라는 오역도 나온다.

이에 비해 다음과 같이 우리말 문장을 아주 짧고 간결하게 잘라서 입력하면 오역 가능성을 현저히 줄일 수 있다.

학교수업이 끝났다.
School classes ended.

영화가 곧 시작한다.
The movie starts soon.

충분한 시간이 없었다.
There was not enough time.

그래서 나는 영화관으로 뛰어갔다.
So, I ran to the movie theater.

광고가 나오고 있었다.
Advertisements were coming out.

다행이었다.
It was good.

나는 영화 스토리는 잘 기억나지 않았다.
I didn't remember the movie story.

하지만 할리우드 배우가 영어로 열심히 말하고 있었다.
But, Hollywood actors were speaking hard in English.

그것이 놀라웠다.
It was amazing.

결과값이 간결해서 훨씬 보기 편하고 이해가 잘된다. 이해가 잘되니 기억하기도 쉽다. '영화관' '광고' '할리우드 배우' 등 자신에게 생소한 단어만 사전에서 찾아서 학습하면 된다. 소통의 기본은 '간결함'이다. 복잡하면 소통하기 힘들다. 위와 같은 문장 정도면 상대방과 충분히 기분 좋게 소통할 수 있다.

문장 자르기만으로 만들어지는 초고속 스피킹 시스템

위의 사례처럼 우리말을 영어로 옮기기 쉽게 문장을 잘 자르는 것이 영어 스피킹을 잘하는 비법이다. 언어감각이 있는 사람은 이렇게 우리말 문장을 짧게 자르는(fragmentation) 속도가 빠른 사람을 말한다. 하지만 이런 언어감각이 떨어진다고 해서 걱정할 필요는 없다. 문장 자르기가 처음에는 어색하고 잘되지 않고 속도도 떨어지겠지만, 연습을 할수록 우리 뇌가 그 시스템에 적응해서 조금씩 속도가 늘어나기 때문이다. 그리고 어느 순간부터는 문장을 자르는 동시에 입에서 영어문장이 나오게 된다. 우리말 문장을 단순화해서 짧고 구체적으로 표현하는 초고속 스피킹 시스템을 뇌 속에 구축하게 되는 것이다.

지금까지 설명했듯이 영어 스피킹 실력은 '우리말을 어떻게 잘 흔들어서 재구조화하느냐'에 달려있다. 즉, 우리말 문장을 잘 반죽하는 것이 영어 스피킹을 잘하는 비결이다.

미션 4

네가 살면서 가장 멀리 간 여행지는 어디니?

Where is your longest travel in your life?

혜정이의 회화노트

The most distant trip was Vancouver, Canada.

가장 멀리 간 여행지는 캐나다의 밴쿠버였어.

I went to Vancouver via Seattle Airport.

나는 시애틀 공항을 경유해서 밴쿠버에 갔어.

It took me about ten and a half hours to get to Seattle Airport.

시애틀 공항에 도착하는 데 약 10시간 30분이 걸렸어.

And I stayed there for about 3 hours.

그리고 나는 그곳에서 약 3시간 동안 머물렀어.

Then, I flew to Vancouver.

그러고 나서 나는 비행기로 밴쿠버로 갔어.

It took about 1 hour.

약 1시간이 걸렸어.

It took a long time to get to Vancouver.

밴쿠버에 도착하는 데 오랜 시간이 걸렸어.

But, I was excited, because there were so many amazing things to see.

하지만 나는 기분이 좋았어, 왜냐하면 그곳에 많은 멋진 볼거리들이 있었기 때문이야.

Especially, I can't forget Capilano Suspension Bridge and its forest.

특히, 나는 카필라노 현수교와 숲을 잊을 수가 없어.

_______ 의 회화노트

05

문법과 스피킹은 별개다

요즘에는 고등학교 영어에서 문법의 비중이 많이 줄었다. 수능에도 문법문제는 딱 하나 나온다. 나머지는 모두 독해문제다. 이에 비해 필자의 고등학생 시절에는 문법이 영어시간의 대부분을 차지할 정도였다. 그래서 《맨투맨 기본》, 《맨투맨 종합》, 《성문기초영문법》, 《성문종합영어》 등의 문법교재를 정말 열심히도 봤다. 그런데도 영어 말문은 안 떨어졌다. 실제로 필자(혜정)는 고등학교를 졸업하고 2년쯤 지나서 외국인을 만난 적이 있는데, 그때 아무말도 하지 못했다.

영어 스피킹 공부에 문법은 필수조건이 아니다

뭐가 문제일까? 문법도 독해도 많이 공부했는데 왜 입 밖으로 영문 하나가 안 나올까? 그때 깨달았다. 스피킹을 잘하는 것과 문법이나 독해를 잘하는 것은 별개일 수 있다는 사실을.

앞서 이야기했듯이 필자는 영어회화를 집중적으로 공부하기 위해 대학교를 휴학하고 영어회화학원에 다닌 적이 있다. 당시 필자는 영어 스피킹 공부를 시작하면서 문법을 따로 공부하지 않았다. 고등학생 때까지 꾸준히 문법공부를 했지만, 그렇다고 목적어와 타동사 등에 대한 개념이 확실히 머릿속에 박혀 있지는 않았다. 그런데도 일단 문법은 제쳐두고 '주말에 뭐했니?'에 대한 내 이야기를 노트에 쓰고 여러 번 큰 소리로 반복해서 읽고 녹음하는 식으로 영어 스피킹 공부에 집중했다.

그런데 이런 방식으로 다양한 문장을 반복해서 학습하다 보니 'I don't know', 'She didn't watch the movie' 'Do you eat it?'과 같은 부정문과 의문문의 형태를 자연스럽게 체화할 수 있었다. 굳이 문법책을 사서 따로 공부할 필요가 없었던 것이다.

물론 문법을 꿰고 있으면 영자신문을 보는 등 독해를 해야 할 때 영문구조가 한눈에 파악돼 확실히 도움이 된다. 필자 역시 나중에 토플시험을 준비할 때에는 문법문제에 대비하기 위해 해커스어학연구소에서 출간한 문법책을 반복해서 공부했다.

하지만 영어 스피킹이 목적일 때에는 문법이 필수조건은 아니다. 문법을 알면 문장 만들기가 수월할 수는 있지만, 그 문장이 온전히 내 것이 된다는 보장은 없다. 말이 나오지 않는다면 아무리 문법을 많이 알더라도 무용지물일 뿐이다. 차라리 문법이 틀린 문장이라도 입으로 소리내어 말하는 연습을 해보는 편이 백배 낫다. 그렇게 연습하다 보면 말하기의 틀이 잡힌다.

공신으로 유명한 강성태 강사는 잘못된 문법교육 때문에 사람들이 문법을 공부해도 회화를 잘 못한다고 지적하면서 문법책에 나온 문장을 입에서 바로 튀어나올 정도로 반복해서 학습하라고 권한다. 일리가 있는 말이다. 문제는 문법책에 있는 문장은 나와 별 상관이 없는 내용들이라는 것이다. 그 문장을 반복해서 외우고 체화한들 내가 실제 외국인과 만나 영어로 대화해야 할 때에는 써먹을 수가 없다.

문법책에 나온 문장을 반복해서 외운 뒤에 영어 스피킹을 하려면 시간 측면에서도 비효율적이다. 차라리 파파고를 이용해 내가 많이 쓰는 문장을 만들어서 반복해서 읽어보고 체화하는 방식이 외국인을 만나 당장 써먹을 수 있는 영어공부의 지름길이다. 그리고 궁금하거나 더 알고 싶은 내용이 있을 때 쉬운 문법책을 참고하는 것이 좋다.

직접 입을 떼서 말해봐야 틀렸음을 알 수 있다

필자는 성인을 대상으로 영어회화수업을 하면서도 문법과 스피킹이 별개임을 깨닫곤 한다. 필자는 회화수업을 할 때 기초적인 문법은 알아야 할 것 같아서, 수강생들에게 캠브리지대학에서 출간한 《Basic Grammar in Use》에 나온 be동사와 일반동사 파트를 공부하고 연습문제를 풀어보게 한다. 그리고 완전히 숙지된 듯해서 스피킹 수업을 진행하면 상당수가 'he doesn't play'라는 문장의 동사를 'he play not'이나 'he don't play'라고 표현한다.

필자도 그런 경험이 있다. 대학교 때 아는 언니와 대화를 하다가 무심코 'Are you remember it?'이라는 표현을 쓴 적이 있다. 당시 그 언니가 영어를 꽤 잘했었는데 내 말을 듣고는 'Do you remember it?'이라고 슬쩍 표현을 고쳐줬다. 순간 생애 처음으로 입 밖으로 영어표현을 해본 것처럼 생소한 느낌이 들었다. 문법적으로 'Do you'가 맞는 표현임을 알고 있음에도 순간적으로 잘못된 표현이 입 밖으로 튀어나왔던 것이다.

위의 사례들처럼 문법을 아무리 열심히 공부하더라도 스스로 틀린 문장을 말해봐야 '틀렸다'라는 사실을 깨닫고 그것을 고칠 수 있다. 문법책을 마스터하고 스피킹을 하려는 생각은 주객이 전도된 발상이다. 스피킹이 우선이다. 내가 말하고 싶은 문장을 직접 써서 말해보는 것이 가장 중요하다.

미션 5

너는 쇼핑을 좋아하니?

Do you like shopping?

혜정이의 회화노트

I like shopping.

나는 쇼핑을 좋아해.

Especially, I love going shopping for clothes and shoes.

특히, 나는 옷과 신발 쇼핑을 좋아해.

It is because I am very interested in fashion.

왜냐하면 내가 패션에 관심이 아주 많기 때문이야.

I also enjoy window shopping.

나는 또한 윈도우 쇼핑도 즐겨.

I look into a new trend and hot fashion style.

나는 새로운 트렌드와 핫 패션 스타일을 살펴봐.

That's why I go online and visit a few fashion bloggers' web-pages.

그래서 나는 온라인에 접속해 몇 개의 패션 블로거들의 웹페이지를 방문해봐.

I sometimes go into Vogue and Very Elle.

나는 때때로 〈보그〉나 〈베리 엘르〉 잡지 사이트에 접속해.

I read articles on fashion, health, etc.

나는 패션이나 건강과 같은 기사를 읽어.

________의 회화노트

06

내 진짜 영어실력, 글로 확인하라

필자가 얼마 전에 구입한 티셔츠에 이런 문구가 적혀 있었다.

'There are a lot of opportunities and chances around you to do something new(당신의 주위에는 새로운 것을 할 만한 많은 기회가 있다)."

이 문구에서 'do something new(새로운 것을 하는 것)'라는 표현이 유독 와닿았다. 이것은 대부분의 자기계발서와 동기부여 관련 강의에서 강조하는 내용이지만 생각처럼 실행하지 못하는 부분이기도 하다. 이미 내 안에 기존의 방식을 고수하는 습관이 잡혀 있기 때문이다.

단어를 많이 안다고 문장이 만들어지지는 않는다

얼마 전에 아는 동생이 영어회화 실력을 늘리기 위해 영어공부 어플에서 매일 10개씩 보내주는 영어 단어를 열심히 적어가며 외우고 있었다. 그중에는 'prevailing(우세한)'과 같은 꽤 어려운 단어도 있었다. 그 동생은 단어들의 쓰임새를 알 수 있는 예문도 없이 무작정 매일 10단어를 외우고 있었다. 그래서 필자가 '이 단어를 써본 적이 있어?'라고 물어보니 '없다'라고 했다. 다시 '그럼 이 단어를 왜 외우냐'라고 물었더니 그 동생 왈 '그래도 언젠가 쓰지 않을까'라는 생각으로 외운단다.

물론 학습방법에 맞고 틀리고를 따지기는 어렵다. 하지만 위와 같은 학습방법을 얼마나 지속할 수 있을까? 더구나 그 단어들을 실제 내 이야기에 적용해보고 회화에 응용해보지 않으면 무용지물이 되기 쉽다.

그래서 필자는 그 동생에게 영어회화 실력을 늘리고 싶다면 실제 너의 이야기, 즉 주중이나 주말에 있었던 이야기를 써 보라고 했다. 그리고 말나온 김에 그 자리에서 지난 주말에 있었던 일과 했던 일을 10줄 이상 써서 직접 말해보라고 했다. 잠시 후 동생이 작성해서 말하는 내용을 들어보니, 내용정리도 잘했고, 문장도 이해하기 쉽게 잘 구성했고, 발음도 좋았다.

다만 동사의 과거형을 하나도 쓰지 않았다는 문제가 있었다. 대부분 come, buy, go와 같은 기본동사로, 어려운 동사는 아니었지만 현재형 표현이 입에 굳어서 과거 이야기를 하면서도 현재형 동사를 사용했던 것이다. 이 부분만 고치면 자신이 하고 싶은 말을 해서 상대방을 이해시키는 데 전혀 문제가 없어 보였다. 잘못된 부분을 안다는 것은 개선하고 좋아질 여지가 있다는 의미다. 이런 긍정적인 마음으로 접근하면 하루하루 발전해나갈 수 있다.

일단 문장을 써 봐야 잘잘못을 알 수 있다

여러분에게도 똑같은 말을 하고 싶다. 일단 써 보자. 처음에는 2줄도 좋고 3줄도 좋다. 오늘 한 일이나 기억에 남는 최근의 일을 간단히 기록해보자. 적는 과정 없이 바로 말하기 연습을 하려면 순간 멍한 느낌이 들 수도 있고, 이게 맞나 하는 의구심이 생길 수도 있다. 하지만 일단 써 보면 내가 할 이야기가 무엇인지 확인하게 되고, 부족한 부분이 무엇인지를 확인할 수 있다.

이때 문장을 짧게 만들어서 파파고를 이용하면 많은 도움이 된다. 내가 직접 영작한 문장과 파파고를 이용해 영작한 문장을 비교해도 좋다. 이런 식으로 자신의 부족한 부분을 조금씩 메워나가다 보면 영어에 대한 두려움이 조금씩 걷히면서 영어가 만만해 보이고 재미있어진다.

미션 6

너는 여름휴가 계획이 있니?

Do you have the plan for summer holidays in mind?

혜정이의 회화노트

Yes, I do.

응, 계획을 가지고 있어.

I plan to travel with my sister.

나는 내 여동생과 여행하는 것을 계획하고 있어.

I want to take a restful trip.

나는 휴식이 가득한 여행을 하고 싶어.

I want to walk down to the sea for swimming.

나는 수영을 하기 위해 바닷가까지 걷고 싶어.

Maybe we will go to Boracay in the Philippines.

아마 우리는 필리핀의 섬 보라카이로 갈 거야.

We also love ocean sports like scuba diving and dolphin tour.

우리는 또한 스쿠버다이빙 및 돌고래 투어와 같은 해양스포츠도 좋아해.

That's why we are looking forward to this trip.

그래서 우리는 이번 여행을 기대하고 있어.

______ 의 회화노트

07
똑똑하게 반복하자

《몰입영어》의 저자는 '한 문장을 암묵기억으로 학습하기 위해 (하나의 문장을) 50~100번 무한반복하고, 이를 10회 반복해 1,000번을 듣고 말했을 때 그 문장이 비로소 우리의 것이 된다'라고 말한다. 또한 이런 학습을 할 때에는 '자신에게 쉬운 문장부터 시작해서 차차 레벨을 올려가면서 한 문장을 1,000번 듣고 말하기를 반복하라'라고 한다.

그의 주장처럼 1,000번의 반복학습이 언어를 익히는 데 큰 도움이 되는 것은 사실이다. 하지만 한 문장을 그렇게 많이 반복해서 따라 하기는 정말 쉽지 않다.

'암기'는 분명 언어학습에서 중요한 부분이다. 또 반복은 암기하는 데 아주 효과적인 방법이다. 문제는 '어떻게 반복을 하느냐'

이다. 그냥 무작정 기본 500문장 외우기 또는 특정 영어책 10번 읽기와 같은 반복은 '수동적인 반복'에 속한다. 그런 식으로 암기한다고 해서 내가 그 문장들을 자주 활용하리라는 보장도 없다. 수동적 반복은 할수록 재미도 없고 끝이 없어 보이기도 한다.

따라서 필자는 여러분이 '똑똑한 반복'을 하길 권한다. 누가 써 놓은 문장이 아닌 나의 삶이 녹아든 문장을 자주 반복하는 것이다. 사실 평상시 우리의 생활모습은 거의 비슷하다. 주중이나 주말에 여러분이 주로 하는 일이나 가는 곳을 생각해보자. 때로 특별한 일이 생기기도 하지만, 대부분의 일상이 내가 주로 하는 일의 맥락에서 크게 벗어나지 않는다. 그래서 주중이나 주말에 자신이 한 일을 3개 정도 문장으로 써 보고, 큰 소리로 읽어보고, 외워보고, 녹음해보는 방법을 강력히 추천하는 것이다.

입으로 소리 내어 읽었을 때의 효과

외우기 힘들다면 그냥 노트에 써 보고 자주 큰 소리로 읽어보기만 해도 좋다. 그것만으로도 엄청난 효과를 얻을 수 있다. 내가 쓴 문장을 그냥 눈으로만 보면 손과 눈이라는 감각기관만을 이용하게 된다. 여기에 추가해서 입과 귀라는 감각을 동원하면 자동적으로 더 큰 반복의 효과를 얻을 수 있다.

또 눈으로 볼 때에는 고개를 끄덕이며 안다고 생각한 문장이 실제 큰 소리로 입 밖에 내어보면 어색하게 느껴질 수 있다. 이러한 어색함은 큰 소리로 영어문장을 말하는 데 익숙하지 않아서일 수도 있지만, 지금까지 잘못 알았던 부분을 인지하게 돼서일 수도 있다.

예를 들어 필자는 영어 스피킹 공부를 시작했을 때 'recently'라는 단어를 많이 접했다. 뜻을 아는 단어라서 독해할 때에는 별 문제가 없었다. 하지만 막상 입 밖으로 소리 내어 읽다 보니 필자가 이 단어의 강세를 두 번째 음절에 두고 '리**센**틀리'로 발음한다는 사실을 알았다. 당연히 그런 줄 알았으니 이상하게 생각되지 않았다. 하지만 네이버 영어사전의 발음을 들어보니 강세가 1음절에 있는 '**리**센틀리'가 맞는 발음이었다.

이런 사례처럼 독해와 스피킹 공부는 다르다. 영어 스피킹을 잘하려면 눈으로만 공부하는 습관에서 벗어나 '입'을 이용해 직접 단어와 문장을 소리 내어 말해 보는 '능동적인 반복학습'을 해야 한다. 이런 식으로 내 이야기를 직접 써서 입으로 소리 내어 말하는 학습을 반복하다 보면 영어에 대한 안개가 서서히 걷히게 될 것이다.

미션 7

요즘 네가 빠져있는 셀럽이 있니?

Are there any celebrities you are into these days?

혜정이의 회화노트

These days, I am into Valentina Zelyaeva.

요즘 나는 발렌티나 젤라예바에 꽂혀 있어.

She is a super model.

그녀는 수퍼 모델이야.

She is from Russia.

그녀는 러시아 출신이야.

Now, I am following her Instagram.

지금 나는 그녀의 인스타그램을 팔로우하고 있어.

I found her name on one of books I was reading.

나는 그녀의 이름을 내가 읽고 있는 책에서 찾았어.

I started to search for her.

나는 그녀에 대한 것을 검색하기 시작했어.

She is interested in a healthy diet and aroma therapy.

그녀는 건강한 식이요법과 아로마 테라피에 관심이 있어.

She also loves beautiful nature.

그녀는 또한 아름다운 자연을 사랑해.

_______ 의 회화노트

08

내 영어를 완성시킨 단 하나의 질문

앞에서 이야기했듯이 '너는 지난 주말에 뭐했니?(What did you do last weekend?)'는 여러분이 영어 스피킹 실력을 높이는 데 있어서 매우 훌륭한 질문이 된다. 필자 역시 이 질문 하나로 영어회화를 마스터했다고 해도 과언이 아니다. 필자가 대학교 3학년 때 휴학을 하고 영어회화학원을 다닐 때 회화교재 1장을 학습하고 나서 첫 번째로 주어진 질문이 바로 이것이었다. 수업은 남아공 출신의 원어민 교사가 진행했지만, 대부분의 시간이 이 질문을 가지고 각자의 파트너와 대화를 나누는 방식으로 이루어졌다.

그래서 필자는 월요일 수업에 들어가기 전에 '주말에 뭐했니?'라는 질문에 대한 대답을 노트에 적고 큰 소리로 반복해 읽으면서 외우곤 했다. 처음에는 영작에 서툴러서 3줄 정도밖에 쓰지 못했지만, 점차 5줄, 7줄, 10줄로 늘어나더니 2개월이 지나서는 노트 2페이지 분량의 글을 써서 외울 정도가 됐다.

꼬리에 꼬리를 물 듯 문장 이어가기

앞서 이야기했듯이 주중이든 주말이든 사람의 생활패턴은 대부분 비슷하다. 따라서 친구를 만나거나, 영화를 보거나, 수다를 떨거나, 취미활동을 하거나, 등산을 가는 등의 패턴에 약간의 살만 더 붙이면 문장이 쑥쑥 길어지고 외우기도 수월해진다.

예를 들어 'I went downtown and met my friend(나는 시내에 가서 나의 친구를 만났다)'라는 문장에 다음과 같이 문장을 덧붙이는 식이다.

I took a bus.

나는 버스를 탔다.

It took about 40 minutes.

약 40분이 걸렸다.

There were many cars on the road.

길에 차가 많았다.

So it took longer than usual.

그래서 보통 때보다 더 오래 걸렸다.

이런 식으로 기존의 한 문장을 여러 문장으로 확장해나가면 나의 영어 스피킹 영역을 계속해서 넓혀나갈 수 있다.

'너는 지난 주말에 뭐했니?'라는 질문에는 우리의 삶이 고스란히 들어가 있다. 내가 좋아하는 것, 내가 관심 있는 것, 내가 주로 하는 것 등 내 삶에 대한 구체적인 이야기들이 그 질문 안에 포함돼 있기 때문이다. 필자가 그랬듯이 여러분도 이 질문을 통해 영어 스피킹의 첫 문을 활짝 열길 바란다.

미션 8

너는 지난 주말에 뭐했니?

What did you do last weekend?

혜정이의 회화노트

I went to the movie theater last Saturday.

지난 주 토요일에 나는 영화관에 갔어.

I was supposed to meet my friend at 12 p.m.

나는 내 친구랑 오후 12시에 만나기로 돼 있었어.

She came a little late.

그녀가 좀 늦었어.

She told me that she was in heavy traffic.

그녀는 차가 너무 막혔다고 말했어.

Fortunately, she was not late for the movie time.

다행히 그녀는 영화시간에는 늦지 않았어.

We bought popcorn and coke.

우리는 팝콘과 콜라를 샀어.

We went into the theater in time.

우리는 제시간에 영화관에 들어갔어.

We enjoyed the movie a lot.

우리는 영화를 정말 재미있게 봤어.

____________의 회화노트

유창한 영어실력, 디테일이 좌우한다

01
모르는 단어는 쉽게 풀어라

최근 한 지인이 필자에게 자신이 다니는 회사에 외국인 직원이 새로 들어왔는데 대화를 하고 싶어도 영어 단어가 생각이 안 나 힘들다는 고민을 말해주었다. 예전에는 곧잘 외국인과 영어로 대화하곤 했는데, 한동안 영어를 안 쓰다 보니 단어가 떠오르지 않아 대화를 이어나가기가 쉽지 않다는 것이다.

아마 여러분 중에도 '영어 단어를 몰라서 말하기가 안 된다'라고 생각하는 사람이 많을 것이다. 하지만 중학교 영어교과서 정도의 단어만 알아도 영어로 대화하는 데 큰 문제가 없다. 그 기본적인 단어들로 모르는 단어를 '풀어서 설명'하면 된다. 모르는 단어에 집착하면 할 말을 아예 못하게 되는 경우가 있다. 예를 들어 다음 문장을 보자.

그녀의 엄마가 중풍에 걸려서(paralyzed) 몸의 반을 못 쓰셔.
그래서 그녀가 병간호를 하고 있어.

실제로 한 지인에게서 위의 말을 하려다 '중풍'이라는 단어도 걸리고, '병간호'라는 단어도 갑자기 떠오르지 않아 결국 대화가 중단됐다는 이야기를 들은 적이 있다. 그럼 위의 문장을 영어로 이렇게 표현해보면 어떨까?

Her mother is sick. She can't move half her body. So she is taking care of her mother. I don't know the name of the disease in English. Can you tell me what you say about this?

위의 문장에서 '병명'을 묻는 질문(밑줄 친 부분)은 굳이 하지 않아도 상관없다. 다만 단어를 모를 때 위의 영어문장처럼 내가 아는 단어로 상황을 최대한 쉽게 설명한 후에 외국인에게 해당 단어가 무엇인지를 물어보면 새로운 단어를 익힐 수 있고, 다음 대화를 자연스럽게 이어가기도 좋다.

영어를 잘하는 사람도 표현하고자 하는 단어를 다 알지 못하는 경우가 많다. 여러분이 이 책에서 제시하는 미션들을 수행할 때에도 모르는 단어를 일일이 사전에서 찾기보다는, 아는 단어로 설명하는 연습을 먼저 해보는 것이 좋다. 이 책의 내용을 백 번 읽는 것보다는 한 단어라도 여러분이 직접 생각해보고 문장을 만드는 연습을 해봐야 한다. 막상 해보면 생각처럼 쉽게 문장이 만들어지지 않는 경우가 많기 때문이다.

미션 9

너는 (너의) 여가시간에 뭐하니?

What do you do in your free time?

영주의 회화노트

I like to read books.

나는 책 읽기를 좋아해.

I read at least one book a week.

나는 일주일에 적어도 한 권은 읽어.

I don't have any particular genre that I like.

나는 특별히 좋아하는 장르는 없어.

I just read the book that I want to read, regardless of genre.

나는 장르에 상관없이 그냥 읽고 싶은 책을 읽어.

These days, I'm drawn to essays and novels.

요즘에 나는 수필과 소설에 끌려.

So I enjoy reading them.

그래서 나는 그것들을 읽는 것을 즐겨.

I feel relaxed when I read something.

나는 뭔가를 읽을 때 마음이 편안해.

It makes me happy.

그것은 나를 행복하게 해.

Books are a kind of play and fun for me.

책은 나에게 일종의 놀이이자 즐거움이야.

__________의 회화노트

02
문법은 양날의 검이다

최근 부쩍 해외여행에 대한 관심이 높아지면서 영어를 잘하고 싶다는 사람들의 바람도 커지고 있다. 실제로 영어를 왜 배우고 싶으냐고 물었을 때 상당수의 사람들이 '해외여행을 좋아해서' 또는 '언어장벽을 낮춰서 편하게 해외여행을 즐기고 싶어서'라고 답한다.

필자(영주) 또한 첫 해외 자유여행에서 받은 충격을 계기로 영어로 자유롭게 내가 하고 싶은 말을 표현하고 싶다는 열망이 생겼다. 당시 필자는 영어 관련 분야에서 오랫동안 학생들을 가르쳐왔기 때문에 영어로 말하는 데 큰 문제가 없으리라는 대단한 착각을 가지고 처음으로 가이드 없이 영국으로 여행을 가게 됐다. 그런데 영국에 도착한 첫날부터 익숙하지 않은 영국식 영어와 억양으로 인해 당황의 연속이었다.

당황의 정점은 공항에서 일어났다. 영국에서는 오이스터라는 교통카드를 사용하는데, 여행 마지막 날 반납하면 보증금을 돌려받는 시스템으로 돼 있었다. 그런데 필자가 보증금 환불을 요청했을 때 사용금액이 초과해서인지 직원에게서 보증금을 돌려받을 수 없다는 답이 돌아왔다. 자세한 이유를 알고 싶었지만, 필자의 짧은 영어로는 묻기도 힘들었고, 그 직원의 랩과 같은 영어를 알아듣기는 더더욱 힘들었다. 결국 필자는 명확한 이유도 모른 채 보증금을 환불받지 못했고, 뭔가 찜찜한 기분으로 돌아와야 했다.

이런 경험을 계기로 필자는 이론과 실전에서의 스피킹은 완전히 다르다는 사실을 실감했다. 위의 보증금 환불 사례뿐만 아니라 영국 여행 내내 입에서 간단한 영어문장조차 나오지 않는 상황들을 경험하면서 자신감은 줄어들고, 그동안 죽은 영어를 공부하고 가르쳐왔다는 회의감마저 들었다. 문법지식이나 독해능력은 말 그대로 이론일 뿐, 실전에서의 스피킹을 위한 연습이 따로 필요하다는 사실을 깨달은 것이다.

오히려 문법지식은 스피킹 연습을 할 때 양날의 검이 될 수 있다. 문법에 맞는 표현을 쓰는 것은 좋지만, 자칫 문법에 맞게 말해야 한다는 강박관념이 생기면 매번 문법에 맞는 표현인지 아닌지를 따지느라 영어 말문이 트이는 시간이 그만큼 길어질 수 있

기 때문이다. 말하기를 위한 문법이 돼야지, 문법 따로 말하기 따로인 학습법은 성인이 영어 스피킹 실력을 익히는 데 효과적이지 않다. 스피킹은 문법보다는 반복된 훈련과 순발력이 더 큰 부분을 차지한다.

참고로 해외여행을 위해 영어공부를 할 때에도 여행용 영어에 초점을 맞출 필요는 없다. 물론 여행을 하다 보면 길 찾기, 가격 물어보기, 음식 주문하기 등 자주 쓰게 되는 영어표현이 있다. 하지만 이런 표현들을 제외하고는 사실 여행영어와 일상회화가 크게 다르지 않다. 따라서 각자의 여행 스타일에 따라 많이 쓰게 되는 일상표현을 더해서 연습한다면 더욱 효율적으로 여행영어를 익힐 수 있다.

미션 10

너는 최근에 여행한 적 있니?

Did you ever travel recently?

영주의 회화노트

I went to Nagasaki in Japan with my parents.

나는 부모님과 일본에 있는 나가사키에 갔었어.

My mother wanted to go to Japan.

엄마는 일본에 가기를 원하셨어.

Nagasaki was not a big city, but its nature was beautiful.

나가사키는 큰 도시는 아니었지만, 자연이 아름다웠어.

We ate sushi at the market.

우리는 시장에서 초밥을 먹었어.

It was one of the most delicious foods we had.

그것은 우리가 먹었던 음식 중에 가장 맛있는 것 중의 하나였어.

We also went to Unzen.

우리는 또한 운젠에 갔었어.

There is smoke rising on the ground with hot heat.

그곳은 뜨거운 열기를 품은 땅에 연기가 피어오르고 있어.

The lights are on in the evening, so the scenes are more beautiful.

저녁에는 조명이 켜져서, 그 경치가 더 아름다워.

I still can't forget the scenery there.

나는 여전히 그곳의 풍경을 잊을 수가 없어.

______ 의 회화노트

03

끊임없는 대화를 위해 다양한 질문을 만들자

새로운 언어를 배운다는 것은 우리에게 어떤 의미가 있을까? 누군가에게는 생존이고, 누군가에게는 즐거움이자 취미이고, 누군가에게는 자존감의 표출이 될 수 있다. 하지만 기본적으로는 '소통'의 의미가 있다. 소통을 통해 생존도 즐거움도 자존감도 높일 수 있기 때문이다. 또한 새로운 사람과 새로운 언어로 소통하는 것은 우리에게 문화와 다양성의 폭을 넓혀주는 기회가 되기도 한다.

상대방의 눈을 보면서 '말하는 것'만큼 긴밀하고 친근감을 주는 소통법은 없다. 상대방이 내가 아는 언어로 말을 걸어주면 그 사람이 특별해보일 수밖에 없다. 따라서 영어를 잘하기 위해서는 학습방법도 중요하지만 그에 못지않게 '사람'에 대한 관심이 중요하다. 진정한 대화는 상대방에게 관심을 갖고 끊임없이 질문하고 공감하는 것이기 때문이다. 이를 간과하고 자신의 말만 일방적으로 하는 사람과는 대화가 어렵다.

미션에 따른 평서문을 질문으로 바꾸기

문제는 영어로 대화할 때 때로는 평서문보다 질문을 만들기가 더 어려울 수 있다는 데 있다. 평서문만 연습하면 질문을 해야 하는 상황에서 의문문을 만들지 못해 일방적으로 대답만 하는 지루한 대화 분위기가 만들어질 수 있다. 질문에 익숙해져야 좀 더 풍부한 대화가 가능하다.

처음에는 어떤 질문부터 연습할지가 막막할 수 있다. 이런 경우 이 책의 미션에 따라 자신이 만들어본 문장을 이용하면 비교적 쉽게 질문을 만들 수 있다. 예를 들어 'What's your favorite food?(네가 가장 좋아하는 음식은 뭐니?)'라는 미션에 대해 아래와 같은 문장을 만들었다고 해보자.

> 나는 불고기를 가장 좋아해. 불고기는 한국의 인기 음식 중 하나야. 그것은 소고기와 야채를 함께 먹을 수 있어 좋아. 그리고 약간 달콤해서 맛있어. 나는 아직 직접 요리해본 적은 없어. 하지만 언젠가 집에서 꼭 만들어서 먹어보고 싶어.

위와 같은 평서문을 기준으로 다음과 같이 그런 대답이 나올 수 있는 질문을 만들어보는 것이다.

A : What's your favorite food?

네가 가장 좋아하는 음식이 뭐야?

B : I like bulgogi. Bulgogi is one of popular foods in Korea.

나는 불고기를 좋아해. 불고기는 한국의 인기 음식 중 하나야.

Have you heard about it?

너는 그것(불고기)에 대해 들어본 적 있니?

A : Of course, I have.

물론 있어.

Why do you like the food?

너는 그 음식이 왜 좋니?

B : It is good to eat beef and vegetables together.

그것은 소고기와 야채를 함께 먹을 수 있어 좋아.

A : I really want to try it.

나도 꼭 먹어보고 싶어.

Have you ever cooked it?

너는 그것을 요리해본 적 있니?

B : I haven't cooked myself yet. But I really want to make it at home someday.

나는 아직 직접 요리해본 적은 없어. 하지만 언젠가 집에서 꼭 만들어서 먹어보고 싶어.

위의 방법은 이미 내가 써놓은 문장이 대답이 되도록 질문을 만드는 방식이다. 특정 주제에 대해 평서문만 만들다 보면 실전에서 대화할 때 질문이 잘 안 떠오를 수 있다. 따라서 위와 같은 방식을 활용하면 머리 아프게 질문을 따로 만들 필요가 없고, 평서문만 연습할 때보다 공부하기가 덜 지겨워진다.

미션 11

네가 가장 좋아하는 음식이 뭐니?

What's your favorite food?

영주의 회화노트

A : What's your favorite food?

네가 가장 좋아하는 음식은 뭐니?

B : I like Shabu Shabu most.

나는 샤브샤브를 가장 좋아해.

A : Why do you like the food?

너는 왜 그 음식을 좋아해?

B : I like vegetables and beef.

나는 야채와 소고기를 좋아해.

Shabu Shabu is good to eat them together.

샤브샤브는 그것들을 함께 먹을 수 있어서 좋아해.

That's why I like it.

그것은 내가 그것을 좋아하는 이유야.

A : I haven't eaten it yet, but I want to try it.

나는 그것을 아직 안 먹어봤어. 하지만 나는 그것을 한 번 먹어보고 싶어.

B : Yeah, you should try it.

그래, 꼭 먹어봐.

What's your favorite food?

네가 가장 좋아하는 음식은 뭐야?

_______ 의 회화노트

04

소소한 일상을 파고들어라

필자(영주)가 전화영어를 할 때 외국인 선생님이 주말이 되기 전이면 항상 '너는 내일 뭐할 거야?'라는 질문을 던졌다. 처음 이 질문을 들었을 때에는 몇 마디 얼버무리고 나면 별로 할 말이 생각나지 않았다. 첫째 주말에 대한 계획이 없었고, 둘째 주말에 있었던 뭔가 특별한 일에 대해 이야기해야 할 것 같은 강박관념 같은 것이 있어서다.

하루 일과 쪼개보기

위와 같은 질문을 몇 번 받고 나서는 수업 전에 무엇을 말할지를 곰곰이 생각해봤다. 예를 들어 친구를 만나기로 했다면 그 친구를 얼마나 자주 만나는지, 그 친구를 만나서 주로 무엇을 할 것인지, 그 친구는 어떤 친구인지에 대한 상황을 자세히 그려봤다.

주말에 별 계획 없이 집에서 쉬고 싶더라도 왜 쉬고 싶은지, 쉬면서 무엇을 할 것인지를 생각해봤고, 하루 종일 아무 일도 안 하고 자고 싶다면 나를 자고 싶게 만드는 피곤함의 이유가 무엇인지를 생각해봤다. 이런 훈련을 하다 보니 나중에는 자연스럽게 평소 나의 생활패턴을 구체적으로 떠올려 말할 수 있게 됐다.

하루 일과에 대해 말할 때에도 마찬가지다. 하루 일과가 거의 비슷한 패턴이기 때문에 할 말이 많지 않을 거라 생각했는데 막상 구체적으로 그려보니 그렇지 않았다. 아침밥에 대해 이야기하더라도, 아침에 주로 먹는 음식을 나열하며 이야기할 수도 있었고, 그 음식을 먹는 이유에 대해서도 이야기할 수 있었다.

여러분도 이런 식으로 아무것도 아닌 일을 자세하게 쓰다 보면 의외로 할 이야기들이 많다는 사실을 알게 된다. 하루 일과를 아침, 점심, 저녁으로 나누어 3일에 걸쳐 연습해봐도 좋을 것이다. 예를 들면 이런 식이다.

나는 아침 일찍 6시에 일어난다. 직장을 가는 데 1시간 정도 걸리기 때문에 일찍 일어나야만 한다. 일어나자마자 세수를 한다. 그것은 잠을 깨는 데 도움이 된다. 난 세수를 할 때 비누를 사용하지 않는다. 그 대신 클렌징 폼을 사용해서 얼굴을 씻는다.

이렇게 꼬리에 꼬리를 무는 식으로 사소한 것까지 다 써 보면 하루 일과로도 며칠 동안 문장연습을 할 수 있다. 실제로 이런 사소한 일과들을 떠올려보면 10문장 정도는 너무 짧다는 사실을 느낄 것이다. 지금까지의 미션을 잘 완수했다면 이미 느꼈을 수도 있다.

하나의 사건을 구체적으로 파고들기

이때 '아침에 일어나서 세수하고 밥 먹고 출근을 한다'라는 식으로 시간 순으로 큰 사건만 나열하면 소재가 금방 바닥나고 어휘실력도 늘지 않는다. 한 사건을 계속해서 구체적으로 파고들어가는 식으로 연습해야 표현할 수 있는 어휘가 많아진다.

필자 역시 처음에는 그랬다. 시간 순으로 큰 사건만 생각하다 보니 할 이야기도 없고 영어도 늘지 않는 것 같아서 지루하고 막막했다. 그러다 상황을 구체적으로 생각하는 방식으로 습관을 바꾸고 나니, 정말 사소해보이는 행동 하나하나를 표현해보는 것이 영어실력을 늘리는 비결이라는 사실을 깨달을 수 있었다. 예를 들면 '나는 이를 닦는다(I brush my teeth)'라는 문장을, 다음과 같이 이를 닦을 때 하는 행동 하나하나를 구체적으로 떠올려서 써 보는 것이다.

나는 이를 닦을 때 구석구석 3분 정도 닦는다.

→ I brush my teeth from top to bottom for about 3 minutes.

필자가 그랬듯이, 구체적으로 생각하는 습관이 없는 사람이라면 이렇게까지 구체적으로 쓰는 방식이 번거롭게 느껴질 수 있다. 하지만 이런 훈련이 영어식 사고를 만드는 데 있어서 큰 밑거름이 된다. 앞서 이야기했듯이 우리는 대체로 사물을 전체적인 형태로 보는 반면, 영어권 사람들은 주로 사물의 세부적인 형태를 보기 때문이다. 이런 사고의 방식은 말을 할 때에도 잘 드러난다.

작고 사소해보이는 일들이 나의 영어실력을 늘려줄 수 있는 최상의 소재라는 사실을 잊지 말자.

미션 12

너는 내일 뭐할 거니?

What are you going to do tomorrow?

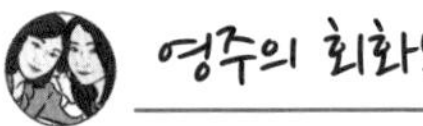

Tomorrow is Sunday.

내일은 일요일이야.

So I don't have to work.

그래서 나는 일할 필요가 없어.

I have no special plan tomorrow.

나는 내일 특별한 계획은 없어.

I'm just going to rest at home.

나는 그냥 집에서 쉴 거야.

I will get up late in the morning and eat brunch.

나는 아침에 늦게 일어나서 브런치를 먹을 거야.

If the weather is fine tomorrow, I will enjoy a short walk.

만약 내일 날씨가 좋다면, 잠깐의 산책을 즐길 거야.

I don't like to meet anyone on the weekend.

나는 주말에 누군가와 약속 잡는 것을 좋아하지 않아.

I like to stay home all day without any plans.

나는 어떤 계획도 없이 집에서 하루 종일 있는 것을 좋아해.

_______ 의 회화노트

05

나를 꾸미려하지 말고 솔직해져라

영어로 질문을 받았을 때 단어를 모르거나 문장을 만들지 못해서 대답을 못하는 경우도 있지만, 때로는 딱히 할 말이 없거나 특별한 말이 생각나지 않아서 대답을 못하는 경우도 있다. 후자의 경우 우리말로 대답한다 해도 상황은 다르지 않다. 하지만 그럴 때마다 모르겠다고 하거나 단답형으로 대답하면 더 이상 대화를 이어나가기 힘들고, 상대방과 나 사이에 어색한 침묵이 흐르게 된다.

생각을 조금 바꿔보면 할 말이 떠오른다

예를 들어 상대방이 '요리하는 것을 좋아해?'라고 물었는데, 내가 요리하는 것을 좋아하지 않는다면 '나는 요리하는 것을 좋아하지 않아'라고 대답한 다음에 더 무슨 말을 해야 할지 난감해진다. 이럴 때 '내가 왜 요리하는 걸 안 좋아하지?'를 생각해보면 상황이 달라진다. 요리라고 하면 먼저 재료를 준비하고 그것들을 손질하는 과정이 떠오른다. 그 과정이 복잡할수록 요리하기가 더 싫어진다. 그래서 간단하게 해 먹을 수 있는 요리를 택할 때가 많고, 주말에는 외식을 할 때가 많다. 이런 식으로 상황을 조금만 바꿔서 생각해보면 할 말은 무궁무진하게 많아진다.

물론 요리하는 것을 좋아하는 사람이라면 당연히 할 이야기가 더 많을 것이다. 다만 그런 경우에도 단순히 '좋아한다'라는 표현으로 끝내지 말고, 어떤 요리를 잘하는지, 그 요리는 어떤 방법으로 만드는지 등 요리에 대해 구체적으로 이야기해보는 것이 좋다.

또한 이 책의 미션 중에 'What do you do in your free time?'이라는 질문이 있다. 'What is your hobby?'가 아닌 위의 표현을 쓴 이유는 '취미(hobby)'라는 단어가 뭔가 전문적으로 즐기는 활동이라는 의미를 줄 수 있기 때문이다. 그런 의미에서의 취미가 없는 사람이 의외로 많아서 자칫 대화가 쉽게 끊길 수 있다. 이에 비해 여가시간(free time)에 하는 일이 무엇인지를 묻는 질문에는 TV 보기, 책 읽기, 맛집 찾아가기 등 가볍고 단순하고 다양한 이야깃거리들이 나올 수 있다.

상대방의 질문에 대답할 만한 특별한 활동이 없다고 해서 말할 거리를 찾느라 너무 애쓰지 않아도 된다. 예를 들어 여가시간에 하는 일을 묻는다면 '아무것도 하지 않고 멍하니 있는 것'이나 '낮잠을 즐기는 것'에 대해 이야기하면 된다. 사소하지만 이런 것들은 여가시간에 충분히 할 수 있는 일들이다. 지금은 다양성의 시대다. 나를 지루한 사람으로 볼까봐 걱정돼서 없는 것을 꾸미기보다는 나에 대한 솔직한 이야기를 하는 것이 중요하다.

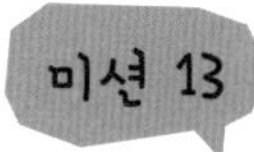

너는 요리하는 것을 좋아하니?

Do you like cooking?

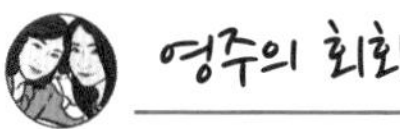

I don't enjoy cooking very much.

나는 요리하는 것을 그리 많이 즐기지 않아.

Because I don't like to wash and trim ingredients.

왜냐하면 나는 식재료를 씻고 다듬는 것을 좋아하지 않기 때문이야.

I usually cook simple food at home.

나는 보통 집에서 간단한 요리를 해.

And I often eat out on weekends.

그리고 나는 주말마다 자주 외식을 해.

But I've changed a bit lately.

그러나 최근 들어 나는 좀 바뀌었어.

Simple cooking is good, but now I want to make a variety of dishes.

간단한 요리도 좋지만 이제 다양한 요리들을 만들어보고 싶어.

I want to feel the joy of cooking.

난 요리하는 즐거움을 느껴보고 싶어.

So I am trying to get used to cooking these days.

그래서 나는 요즘 요리하는 것에 익숙해지려고 노력하고 있어.

______ 의 회화노트

개성 있는 영어로 훈련하자

01

영화보다 우선인 것이 있다

영화 보기가 영어 스피킹 공부에 도움이 된다고 생각하는 사람이 많다. 그 생각은 맞기도 하고 아니기도 하다. 일단 공부를 한다는 생각으로 영화를 봐보라. 정말 짜증이 나고 머리가 아프다. 무언가를 집중해서 파기 시작했는데 생각처럼 안 될 때 생기는 증상이다.

어떤 사람은 영화를 삶아 먹고 씹어 먹겠다는 각오로, 한 달이 넘는 시간 동안 하루에 거의 10시간씩 같은 영화를 무한반복해서 보면서 대사들을 따라 해봤다고 한다. 하지만 직장 다니랴 육아 하랴 집안일 하랴 바쁜 우리가 어떻게 하루 10시간이 넘는 시간 동안 영화를 볼 것이며, 한 영화를 그렇게 듣고 팔 수 있겠는가? 아마 그 사람은 영어에 대한 절박함이 극에 달해서 그렇게 할 수 있었던 것 아닐까?

여기서는 영화를 이용한 영어공부법에 대한 잘못된 인식을 살펴보자.

하나 영화로 공부해야 살아있는 영어를 할 수 있다?

물론 영화 대사가 살아있는 영어일 수 있다. 하지만 영화란 본래 내용이 극적이고 다이나믹한 경우가 많다. 그러다 보니 우리가 일상에서 사용하지 않는 표현이 많이 나온다. 이런 측면으로만 보면 영화로 영어를 익히기에는 애니메이션이나 로맨틱 코미디가 무난하다. 그런데 그것도 쉽지는 않다. 일단 살아있는 영어는 둘째 치고 등장인물들의 말하는 속도가 어마무시하다. 영화로 처음 영어공부에 도전하는 사람이라면 좌절하기 쉽다.

앞서 강조했듯이 살아있는 영어로는 내 이야기만한 것이 없다. 내 이야기를, 내 속도와 내가 말하고 싶은 방식대로 공부하면 된다. 그러면 영어공부가 할 만하다는 생각이 들고 영어가 만만해 보인다. 이렇게 꾸준히 영어내공을 쌓은 다음 '아, 이제 주말일기 쓰기도 그 내용이 그 내용이고 좀 지겨워지네'라는 생각이 들 때쯤 가벼운 마음으로 자신이 좋아하는 영화를 보면서 더 많은 표현들을 익히는 것이 좋다.

영화 대사를 알아듣는 것이 영어 스피킹의 최종 목적지다?

이 또한 잘못된 인식이다. 영화도 종류가 많다. SF영화가 있고, 로코영화도 있고, 판타지영화도 있다. 이 중에서 어떤 분야의 영화를 선호하느냐에 따라 영화를 보는 재미와 관심도가 달라진다. 예를 들어 필자의 경우 사람들이 하도 해리포터 시리즈가 재미있다고 해서 한 번 본 적이 있는데, 영화 대사를 이해하는 것은 둘째치고 일단 재미가 없었다.

재미있는 영화를 보더라도 문제가 있다. 필자의 경우 〈로맨틱 홀리데이(The Holiday)〉라는 로코영화를 20번 넘게 봤지만 초반부에 등장하는 셰익스피어의 인용구는 지금도 이해하기가 쉽지 않다. 재미있게 보는 것과 영화 대사를 이해하는 것은 별개의 문제인 것이다. 사실 한국 영화를 보더라도 마찬가지 아닌가. 예를 들어 사극에 나오는 고어(古語)가 섞인 대사를 다 이해하며 보기는 쉽지 않다. 그냥 전체적인 맥락상 감으로 대충 그런 내용이겠거니 하고 넘어가게 된다.

따라서 선호하는 분야의 영화냐 아니냐에 관계없이, 들었는데 잘 이해되지 않는 대사는 대충 이런 이야기겠구나 하고 넘어가야지 다 알아들으려고 하다가는 병난다.

이런 의미에서 영어공부의 최종 목표를 모든 영화의 대사 알아듣기로 세우는 것 자체가 말이 안 된다. 영어권 국가의 문화적·정서적 특성이 반영된 영화 대사 하나하나를 듣고 파악하며 이해하기는 불가능하기 때문이다. 예를 들어 필자는 얼마 전에 본 영화에서 이런 표현을 들은 적이 있다.

I've got a lot on my plate.

그들만의 문화적 특성을 담고 있는 일명 '숙어(idiom)'로서, '할 일이 매우 많다'라는 뜻을 갖고 있다. 이 문장을 직역하면 '나는 나의 접시에 많은 것을 가지고 있다'이다. 서양에서는 우리처럼 그릇(bowl)이 아니라 주로 접시(plate)를 사용하기 때문에 이런 숙어로서 자신이 많이 바쁘다는 사실을 빗대어 표현하고 있는 것이다.

영어 스피킹 공부의 최종 목적지는 영화에 나오는 대사를 알아듣는 것이 아니라, '내가 하고 싶은 말을 하는 것'이다. '내가 매우 바쁘다'라는 표현을 하기 위해 굳이 위와 같은 숙어를 사용할 이유가 없다. 가장 쉽고 빠른 표현은 'I am very busy'이다. 또는 'I have a lot of schedules' 'I have a hectic schedule' 'My day is hectic' 등으로 표현하면 된다.

영화로 영어공부를 하지 말라는 의미가 아니다. 영화에 나오는 대사 하나하나를 이해하고 숙지할 필요는 없다는 것이다. 내가 주로 쓰고 말하는 콘텐츠는 내 일상이나 업무에 대한 것들이다. 따라서 영어공부의 최종 목표는 나에 대한 구체적인 이야기들을 자유자재로 표현하는 데 두어야 한다. 이것이 익숙해졌을 때 영화를 보면서 더 많은 표현을 익히고, 마음에 드는 표현을 실제 대화에 적용해보는 것이 좋다. 이에 대해서는 다음 내용에서 자세히 살펴보기로 하자.

가까운 미래에 여행가고 싶은 장소가 있니?

Are there any spots you want to travel to in the near future?

혜정이의 회화노트

I want to travel to Italy.

나는 이탈리아로 여행을 가고 싶어.

I have ever watched a travel program on TV.

나는 TV에 나온 여행 프로그램을 본 적이 있어.

They visited Firenze, Italy.

그들은 이탈리아 피렌체를 방문했어.

They joined a local tour program.

그들은 현지 여행 프로그램에 참여했어.

It was a morning jogging tour program.

그것은 아침 조깅 투어 프로그램이었어.

They climbed onto the high hill to see the Roman sunrise.

그들은 높은 언덕을 올라가 로마의 일출을 봤어.

They enjoyed breakfast together.

그들은 함께 아침도 먹었어.

In the near future, I want to join the morning jogging program.

가까운 미래에 나는 이런 아침 조깅 프로그램에 참여하고 싶어.

I would like to spend a lot of time wandering around ancient ruins and galleries.

나는 고대 유적지 또는 미술관을 돌아다니고 싶어.

_______ 의 회화노트

02

영화광을 위한 스피킹 활용 팁

내 이야기를 영어로 표현하는 것이 자유로워졌다면, 영화를 보면서 더 많은 표현을 익혀보는 것도 좋다. 사실 영화 보기가 취미인 사람이 워낙 많다. 영화를 싫어하는 사람을 찾기 힘들 정도다. 영화를 통해 다른 세계를 경험하고, 일상을 벗어나 그 속에서 희열을 느낄 수 있기 때문이다. 그래서 영화로 영어공부를 하면 좋을 것 같다는 생각이 든다.

하지만 막상 영화 대본을 다운받고 영화를 틀어놓으면 말도 빠르고 어려운 어휘도 많아서 공부하기가 쉽지 않다. 〈라푼젤〉이나 〈겨울왕국〉처럼 아이들을 대상으로 한 애니메이션 영화라도 마찬가지다. 필자도 토시 하나 안 빼고 영화 대사를 전부 외우려고 시도한 적이 여러 번 있었다. 하지만 정말 좋아해서 자주 본 영화

였는데도 막상 공부를 목적으로 틀어놓으니 보기가 힘들고, 언제 이 대사를 다 외우냐는 생각에 지쳐서 매번 중도에 포기하게 됐다.

그러다 공부하는 방식을 바꾸니 한결 수월하게 영어를 익힐 수 있었다. 그 방법을 설명하기 전에 몇 가지 지켜야 할 전제조건이 있다. 우선 자신이 좋아하는 영화를 선택해야 한다. 자신의 취향에 맞지 않는 영화를 선택하면 공부를 오래 지속하지 못한다. 다만 굳이 따지자면, 등장인물끼리 주거니 받거니 하는 대화가 많은 로코 장르가 공부하기에 좋기는 하다.

또한 우선 한글자막을 보면서 무슨 내용인지 확실히 이해하고 공부하는 방법을 추천한다.

마지막으로 영어공부의 목표를 잃지 말아야 한다. 우리가 영어공부를 하는 목표는 듣기나 독해가 아니라 스피킹을 잘하는 데 있다는 것을, 영화에 나온 표현을 내 것으로 만들어서 실제로 내가 사용하기 위해서라는 것을 잊어서는 안 된다.

그럼 지금부터 영화를 영어공부에 효과적으로 활용하는 방법에 대해 알아보자.

하나 좋아하는 부분을 집중해서 익힌다

자신이 좋아하고 마음에 드는 장면이나 대사를 선택해서, 그 부분을 집중해서 듣고 익힌다. 가능하다면 영화 대본을 구해서 먼저 해당 부분의 해석을 읽어보고, 모르는 단어를 찾아서 익히는 것이 좋다. 모르는 단어는 아무리 반복해서 들어도 좀처럼 귀에 안 들어오기 때문에, 눈으로 확실히 내용을 익힌 다음 반복해서 들어보라는 것이다. 이때 자신이 좋아하는 주인공의 대사나 기억해두면 좋을 듯한, 쉽고 간결하면서도 의미가 정확하게 전달되는 대사를 선별하는 것도 좋은 방법이다.

또한 영어권 국가의 문화적 특성이 강한 대사보다는, 누구든 무난하게 이해할 수 있는 평이한 대사를 선택해서 익히는 방법을 추천한다. 필자의 경우 줄리아 로버츠의 똑떨어지는 영어표현이 좋아서 그녀의 영화를 자주 본다. 특히 〈먹고 기도하고 사랑하라(Eat Pray Love)〉의 초반부에 나오는 아래 대사는 의미도 멋있고 표현도 간결해서 지금까지 기억하고 있다.

Don't look at the world through your head, but look through your heart instead.

머리가 아닌 마음의 눈으로 세상을 바라보라.

여러분도 이런 식으로 영화의 전체 대사를 흡수하려고 욕심내지 말고, 자신이 좋아하는 대사를 선택해서 집중해서 익히다 보면 공부를 하면서도 영화를 편하게 즐길 수 있다.

영화 대사를 내 것으로 체화한다

위와 같은 방식으로 영화 대사를 외우기만 하면 스피킹에 도움이 안 되므로, 그 대사들을 내 것으로 체화하는 작업을 거쳐야 한다. 영화에 나온 대사를 내가 잘 쓸 것 같은 표현으로 변형해서 쓰고 듣고 말하기를 반복하라는 것이다. 예를 들어 필자의 경우 앞의 명령문 형식으로 된 줄리아 로버츠의 대사를 내 이야기로 활용해보고 싶어서 아래와 같이 바꿔봤다.

I don't want to look at the world through my head, but I want to look through my heart instead. It takes a lot of courage.

나는 나의 머리가 아닌 나의 가슴으로 세상을 보기를 원한다. 그것은 많은 용기를 필요로 한다.

또한 마지막 문장을 'Traveling alone takes a lot of courage(혼자 여행하는 데에는 많은 용기가 필요해)' 식으로 바꿔볼 수도 있다. 이런 식으로 같은 문장을 여러 형태로 변형해서 나만의 회화노트에 채워 넣고 큰 소리로 말하고 외우기를 반복하면, 영화 대사가 곧 나의 대사가 돼서 더 오래 기억할 수 있다.

이해가 안 되는 부분은 그냥 넘어간다

영화를 보다가 잘 이해되지 않는 부분이 나오면 그냥 넘어가자. 사실 필자는 처음에 그러지 못했다. 영화로 공부하다가 못 알아듣는 부분이 나오면 들릴 때까지 그 부분을 무한반복해서 봤다. 그 부분을 알아들어야 내 영어실력이 더 좋아지고, 영어실력에 구멍이 생기지 않을 것 같았다. 그런데 그렇게 대사 하나하나와 싸우듯이 공부하다 보니 쉽게 지쳤다. '이런 대사 하나도 못 알아들으면서 영어는 무슨…' 하면서 자책하기도 했다.

여러분은 이런 전철을 밟지 않기를 바란다. 앞에서 이야기했듯이 영화 대사 하나하나를 다 이해할 필요는 없다. 유창한 영어 스피킹의 목표는 원어민 5세 수준이면 충분하다. 말하기와 듣기가 그 수준만 돼도 내가 하고 싶은 말을 전달하는 데 무리가 없다. 그러니 필자처럼 영어 대사를 못 알아듣겠다며 자책하지 말고, 좋아하는 부분만 선별해서 듣고 익히고 나머지는 그냥 넘기자. 그리고 그냥 영화를 즐기자.

미션 15

너는 무엇을 즐겨 보니?

What do you enjoy watching?

혜정이의 회화노트

These days, I enjoy watching a Korean drama.

요즘 나는 한국 드라마 하나를 재미있게 보고 있어.

The drama is 'It's okay, it's love'.

그건 '괜찮아, 사랑이야'라는 드라마야.

Actually, it went on air in 2014.

사실 그건 2014년에 방송됐어.

Recently, I found it on Netflix.

최근에 나는 그것을 넷플릭스에서 찾았어.

There are one leading actor and actress.

거기에는 남자 주인공과 여자 주인공이 나와.

They have their own trauma in their childhood.

그들은 각자 어릴 적의 트라우마를 가지고 있어.

At first, they did not know it.

처음에는 그들은 그것을 몰랐지.

As time went by, they realized it and asked for help.

시간이 지날수록 그들은 그것을 깨닫고 도움을 요청했어.

It is interesting how they heal from their trauma.

그들이 트라우마에서 치유되는 과정이 흥미로워.

_______의 회화노트

03
미드로 영어의 재미 더하기

필자는 TV를 많이 보는 편은 아니다. 드라마도 간헐적으로 보다 보니 내용이 끊기기 일쑤다. 그러다 얼마 전 한 미국드라마(이하 '미드')에 빠졌다. 너무 재미있어서 잠까지 줄여가며 보다 보니 아침이면 다크 서클이 한가득이다. 일단 주인공이 참 매력적이다. 다른 미드에 비해 등장인물들의 말도 빠르지 않고, 중간 중간 주옥같은 대사도 많다. 바로 넷플릭스에서 방영하는 '뱀파이어 다이어리(Vampire Diaries)'다.

이 미드는 2009년에 방영하기 시작해 지금은 시즌 8까지 나왔고, 회당 41분으로 구성된 에피소드가 171개나 있다. 그 명성은 익히 들었는데, 당시에는 '무슨 현실에 있지도 않는 뱀파이어 이야기를…'이라는 생각으로 패스했다. 그런데 막상 보기 시작하니 에피소드가 이어질수록 그 마력에 빠져들게 됐다.

이 정도면 주인공인 폴 웨슬리, 이안 소머할더, 니나 도브레브에 대한 위키피디아 정보는 다 읽었고, 이 주인공들의 인스타그램은 이미 다 방문했으며, 이 드라마의 원작인 L. J. 스미스의 원작 소설을 온라인서점에서 검색해서 슬슬 주문할 준비를 하게 된다. 본격적인 뱀파이어 다이어리 덕후활동이 시작된 것이다.

필자가 구구절절 미드 덕후가 된 사연을 이야기한 까닭은, 미드로 영어를 공부하는 팁을 설명하기 위해서다. 미드는 단편으로 끝나는 영화와 달리 대부분 시즌으로 나뉘어 각 시즌 당 10개 이상의 에피소드로 구성된다. 따라서 필자가 그랬듯이 한 번 미드에 빠지면 다음 내용이 궁금해서 계속 보게 되므로 상당한 시간을 미드 보기에 들이게 된다. 따라서 이왕이면 그 시간을 미드도 즐기고 영어공부도 하는 기회로 삼으면 좋지 않겠는가.

미드를 영어공부에 활용하는 방법은 다음과 같다.

하나 듣기에 집중하고 자막은 간헐적으로 보기

첫째, 우선 한국어 자막으로 전반적인 내용을 파악한 다음 영어 자막을 선택해서 본다. 이때 듣기에 집중하면서 영어자막은 간헐적으로 본다. 영어공부를 위해 미드를 볼 때에는 가급적 스마트폰이나 탭을 이용하기를 추천한다. 큰 화면으로 미드를 보면 주인공의 연기를 보면서 대사를 들으랴 아래 나와 있는 자막을 보랴 정신이 없기 때문이다. 이에 비해 스마트폰이나 탭으로 보면 영화장면과 자막이 한 눈에 들어오기 때문에 자막을 읽기가 훨씬 수월하다.

여유 있게 미드 자체를 즐기기

미드를 공부의 대상이 아닌 '유희'의 대상으로 보는 것을 목표로 한다. 미드에 나오는 모든 대사를 나의 영어로 만들기 위해 필사적인 자세를 취하기보다 여유 있게 미드를 즐기는 자세를 취하라는 것이다. 영화와 마찬가지로 미드 역시 공부가 목적이 되는 순간 급피곤해지고 보는 것 자체가 싫어질 수 있기 때문이다.

대사보다는 전체적인 흐름에 집중하기

미드 대사 하나하나에 집중하기보다 전체적인 내용이나 흐름에 집중하는 것이 좋다.

편당 3~5개의 표현 익히기를 목표로 삼기

미드로 영어공부를 하는 목표를 한 편당 3~5개 정도의 간단하면서도 일상생활에서 잘 사용할 것 같은 표현을 익히는 데 둔다. 이때 이런 표현들을 메모하는 습관을 들이면 좋다. 꼭 노트에 적을 필요 없이, 마음에 드는 대사가 나올 때 일시정지를 한 뒤에 스마트폰 메모장에 기록해도 좋다.

필자의 경우 미드의 흐름을 끊고 싶지 않아서 머릿속에 간단한 표현을 기억해두었다가 다 본 후에 메모를 하고 있다. 아래 내용은 필자가 〈뱀파이어 다이어리〉 에피소드 1을 보면서 메모한 표현들이다.

Nicely done. 잘했어.

I will start fresh, be someone new. 나는 새롭게 시작할 거야, 새로운 사람이 될 거야.

You are going to be beyond happy. 너는 진짜 행복해질 거야.

에피소드 한두 편을 다 보고 난 뒤에 메모하고 싶었던 대사가 나오는 장면을 다시 돌려봐도 된다. 필자 역시 대사가 기억나지 않거나, 대사가 길어서 기억하기 어려울 때에는 해당 장면을 2~3번 정도 돌려보곤 한다. 물론 영어공부를 하려고 이렇게 같은 장면을 반복해서 돌려보기가 귀찮고 짜증날 수 있다. 하지만 그것이 내가 너무 좋아하는 장면과 대사를 찾아보기 위해서라면 짜증이 훨씬 덜할 것이다.

지금까지 설명한 팁을 활용하면 미드를 즐기면서 영어실력을 업그레이드할 수 있다. 다만 다시 강조하지만, 영어공부의 우선순위는 영화나 미드의 대사 외우기가 아니라, 내 이야기를 하는 데 있음을 잊어서는 안 된다. 따라서 내 이야기를 어느 정도 자유롭게 영어로 표현하는 데 익숙해지고 나서 '다른 재미있는 콘텐츠로 공부할 방법이 없나'라는 생각이 스멀스멀 올라올 때쯤 영화나 미드로 공부하는 방법을 선택하기를 권한다. 그때까지는 내 이야기로 영어 기본기를 단단하게 하는 것이 우선이다.

미션 16

너는 요즘 운동을 하니?

Do you exercise these days?

혜정이의 회화노트

Yes, I do exercise these days.

응, 나는 요즘 운동을 하고 있어.

I do a little Yoga work in the morning.

나는 아침에 몇 가지의 요가동작을 해.

I do just for 10 minutes.

나는 그냥 10분 정도 해.

Sometimes, I do stretching to music before the bed time.

때때로 나는 자기 전에 음악을 들으며 스트레칭을 해.

Especially, I try not to miss calf exercise because my legs are easily swollen.

특히 나는 종아리 운동을 빼놓지 않으려고 해. 왜냐하면 다리가 쉽게 부어서야.

I have a lot of work to do.

나는 할 일이 많아.

I can't make a lot of time for exercise.

나는 운동을 위해 많은 시간을 낼 수가 없어.

Recently, I am into martial arts.

최근에는 무예에 관심이 있어.

It helps me boost my energy.

이건 에너지를 만드는 데 도움이 돼.

__________ 의 회화노트

04

영어로 노는 방법을 찾아라

'노는 게 젤 좋아. 친구들 모여서 즐겁게 놀아요'라는 뽀로로 주제가 가사는 어린아이뿐만 아니라 남녀노소 누구에게나 공감을 준다. 한마디로 노는 것을 싫어하는 사람은 없다. 그런데 나이가 들어서 삶의 무게에 짓눌리다 보면 노는 것이 사치이고 시간낭비라는 생각이 들기도 한다. 하지만 진정한 자아는 노는 과정에서 나온다. 놀아 봐야 자신이 뭘 좋아하는지, 어떤 성향인지를 잘 발견할 수 있다는 것이다.

필자(혜정)는 고등학생 시절 내내 야자를 하고 주말에도 자율학습을 하면서 느낀 답답함을 혼자 영화관에 가서 영화를 보는 것으로 풀었다. 그리고 그 과정에서 영어를 공부하고 싶다는 생각이 들었다. 그래서 대학에서 영어를 본격적으로 공부하게 됐고,

통역에 관심을 가지게 됐고, 그러다 보니 통역사가 돼 일하게 됐다. 간혹 소심했던 필자가 통역을 하게 된 것이 스스로 어메이징하게 느껴질 때도 있다.

과거의 필자라면 《노는 만큼 성공한다》, 《잘 노는 것이 경쟁력이다》라는 책을 보고 '말도 안 돼. 놀면서 무슨 성공을…'이라고 생각했을 것이다. 하지만 위에서 이야기했듯이 필자 역시 교실에서가 아니라 영화관에 놀러가서 영어공부에 대한 의욕과 자발적인 학습욕구를 얻게 됐다.

여러분이 영어공부를 할 때도 노는 시간이 필요하다. 그래야 숨통이 트인다. 영어를 공부의 대상으로만 보면 어느 순간 영어가 힘들고 멀게 느껴진다. 영어로 노는 방법을 찾아야 한다. 각자의 성향에 따라 영어로 노는 방법에는 차이가 있겠지만, 참고삼아 필자가 영어로 노는 방법을 소개하면 다음과 같다.

하나 좋아하는 유튜브 채널에 접속한다

- Jenn Im : 한국계 미국인인 유튜버의 솔직한 삶!
- Sanne Vloet : 뉴욕에 거주하는 외국인으로서 영어로 유튜브 영상을 촬영하는 그녀의 용기가 대단하다!
- English with Lucy : 활기찬 루시!

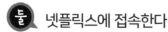

넷플릭스에 접속한다

- Vampire diaries(뱀파이어 다이어리) : 일단 비주얼이 좋다. 활기찬 학교생활과 뱀파이어들 간의 어둠의 전쟁이 적절하게 잘 어우러져 있다.
- To all the boys I loved(내가 사랑했던 모든 남자들에게) : 한국계 미국인이 주인공인 점이 흥미롭다. 요구르트, 한국 마스크 팩 등 한국적인 요소를 발견하는 재미도 있다. 특히 I like me better, Lovers 등의 OST와 그 OST가 흐르면서 나오는 대사들이 주옥같다.
- Siera Burgess is a loser(시애라 연애대작전) : 나 자신을 있는 그대로 인정하고 사랑하게 해주는 영화!
- The Designated Survivor(지정생존자) : 긴장감 있는 스토리가 휘몰아친다.

미니멀리스트 사이트에 접속한다

- Joshua의 짧고 간결한 문장이 가득한 글을 읽는다.
- Joshua와 Ryan이 진행하는 팟캐스트를 보거나 듣는다.

인스타그램에 접속한다

- Sarah Jessica Parker : 〈Sex and the City〉에서 연기한

매력적인 여배우

- Valentina Zelyaeva : 바른 먹거리와 일상을 보여주는 대표 셀럽 모델
- The Goodwin Way : 한 번쯤 이렇게 살고 싶게 하는 하와이 가족

다섯 좋아하거나 읽고 싶은 원서를 읽는다

- 《Anne of Green Gables(빨간머리 앤)》 by Lucy Maud Montgomery
- 《Demian(데미안)》 by Herman Hesse
- 《Holes(홀스)》 by Louis Sachar
- Oxford Bookworms Library 시리즈 : 《The Wizard of Oz》, 《A Little Princess》, 《The Secret Garden》 등
- Oxford Bookworms Factfiles 시리즈 : England, Chocolate, Animals in Danger, Titanic 등

너는 어떤 종류의 영화를 좋아하니?

What kinds of movies do you like?

I like romantic comedy movies.

나는 로맨틱 코미디 영화를 좋아해.

For example, I love 'the Holiday'.

예를 들어 나는 〈더 홀리데이〉를 정말 좋아해.

The most interesting part of the movie is that two leading women exchange their homes.

그 영화의 가장 흥미로운 점은 2명의 여배우가 자신의 집을 교환한 거야.

They were in trouble.

그들은 힘든 상태에 있었어.

They decided to get away for (the) Christmas holidays.

그들은 크리스마스 휴가 동안 잠시 떠나기로 결정했어.

This movie also has wonderful OST(Original Sound Track).

이 영화에는 또한 멋진 OST가 있어.

I'd like to recommend this movie.

나는 이 영화를 추천하고 싶어.

_____ 의 회화노트

05

영어 원서로 어휘수준을 높여라

이제 영어 스피킹 실력을 늘리려면 파파고의 도움을 받아 남의 이야기가 아닌 내 이야기를 쓰고 읽고 녹음하고 외워야 한다는 사실을 알게 됐다. 이렇게 3개월 정도 영어일기를 쓰고 이 책의 미션을 수행하다 보면 슬슬 '뭐 다른 방법이 없나' 하는 생각이 들기 시작한다. 필자도 그랬다. '주말에 뭐했니?' '오늘 뭐했니?', '오늘 하루 중에 기억이 남는 일이 뭐니?'라는 질문에 답을 달다 보니 영어의 각이 나오면서 다른 콘텐츠로 공부할 방법이 있으면 좋겠다는 생각이 들었다.

당시 필자가 선택한 콘텐츠는 동화 원서였다. 가까운 서점에서 처음 구매한 책이 YBM시사영어사의 세계 명작 블루 시리즈 중 《Daddy-Long-Legs(키다리 아저씨)》였다. 어휘수준은 2,000단어 정도로, 중간 중간 재미있는 삽화가 그려져 있는 책이다. '설마 내가 이 책을 읽을 수 있겠어?'라고 생각했는데, 웬걸 정말 술술 읽혔다. 그다음에는 Oxford Bookworms Library 시리즈 중 stage 6(6단계)에 해당하는 《Jane Eyre(제인 에어)》를 선택했다. 어휘수준 2,500단어 정도인 이 책을 단숨에 읽어버렸다.

이 책에서 설명한 스피킹 공부만 5개월 하고, 문법이나 독해를 따로 공부하지도 않았는데 책이 술술 읽히는 경험을 하고 나서부터는 영어공부가 힘들 때마다 잠깐 쉬어가듯 좋아하는 장르의 원서를 읽었다.

스스로의 수준보다 한 단계 낮은 책을 선택한다

만일 여러분이 위와 같은 방법을 활용한다면, 현재 여러분의 영어실력보다 한 단계 낮은 수준의 책을 선택하기를 권한다. 그보다 높은 수준의 책을 읽으면 진도가 안 나가고 재미가 없어서 책이 읽기 싫어지기 때문이다. 이에 비해 내 영어실력보다 수준이 낮은 책을 읽으면 아는 단어와 문장이 보이면서 흥미가 생겨서 계속 읽게 된다.

참고로 필자가 처음 읽었던 YBM시사영어사의 세계명작 블루 시리즈는 절판됐지만, 그 후 새로운 시리즈로 업데이트해서 출간돼 있다. 또 Oxford Bookworms Library 시리즈도 새로운 커버와 더 많은 종류의 책으로 업데이트됐다.

특히 요즘에는 단계별, 즉 단어수준별로 1단계에서부터 그다음 단계로 올라갈 수 있도록 구성해서, 각자의 수준별로 쉽게 책을 선택할 수 있도록 한 시리즈가 많다. 아래에 소개하는 책 목록은 모두 필자가 직접 읽어본 책들이다. 이를 참고하여 각자의 취향과 수준에 따라 책을 선택해서 읽어보면 영어에 대한 흥미와 재미를 더하는 데 큰 도움이 될 것이다. 시리즈별로 한두 권의 책을 샘플로 읽어보고 나서 선택하는 방법도 좋다.

- YBM Reading Library Grade 1~6 패키지 : 단어 수 350, 600, 900, 1,200, 1,500, 1,800을 기준으로 6단계 수준으로 구분돼 있다. 세계 명작을 재구성했으며, 흥미로운 정보와 아름다운 삽화가 있어서 원서를 처음 접할 때의 부담감을 덜어준다. 페이지마다 어려운 단어가 잘 해석돼 있어서 답답함을 바로바로 해결할 수 있다. 전문 성우들의 목소리 연기가 돋보이는 MP3 파일이 무료로 제공된다.

- Oxford Bookworms Library stage 1~6 : 단어 수 400, 700, 1,000, 1,400, 1,800, 2,500을 기준으로 6단계 수준으로 구분돼 있다. 논픽션, 탐정, 추리, 스릴러, 창작소설, 실화 등 장르별 유명한 명작들을 단계에 맞춰 쉽게 재구성했다.

- Oxford Bookworms factfiles stage 1~6 : 단어 수 400,

700, 1,000, 1,400, 1,800, 2,500을 기준으로 6단계 수준으로 구분돼 있다. 원서를 읽으면서 다양한 지식을 쌓기를 원하는 사람에게 적합하다. 여러 국가 또는 도시 소개(런던, 영국, 뉴욕, 일본, 스코틀랜드, 호주, 뉴질랜드 등), 지식(초콜릿, 웨딩, 지구온난화, 위험에 처한 동물들 등), 핫이슈(타이타닉, 윌리엄 앤 케이트 등), 인물(넬슨 만델라, 마틴 루터 킹 등) 등의 다양한 주제를 다루고 있다.

- Classic Starts 시리즈 : 세계 명작 시리즈를 보기 쉽게 재구성했다. 깔끔한 디자인과 넓은 행간, 굵직한 글자크기를 반영해서 가독성이 좋다. 위에서 소개한 시리즈를 어느 정도 소화한 다음에 읽기를 권한다.

- 그 밖의 단행본

《Tuesdays With Morrie(모리와 함께한 화요일)》 by Mitch Albom

《Holes》 by Louis Sachar, Yearling Books

《Wonder》 by RJ Palacio, Random House

너는 어느 계절을 좋아하니?

Which season do you like?

영주의 회화노트

I like fall.

나는 가을을 좋아해.

Fall is not cold or hot.

가을은 춥지도 덥지도 않아.

The sky in the fall is clear and blue.

가을에는 하늘이 맑고 푸르러.

The main reason why I like fall is because I like to take a walk.

내가 가을을 좋아하는 가장 큰 이유는 산책하기 좋아서야.

Summer is too hot to walk outside and winter is the opposite of it.

여름은 너무 더워서 밖에서 걸을 수가 없고 겨울은 그 반대야.

Spring is also good for a walk, but there is a cold snap.

봄도 산책하기는 좋지만 꽃샘추위가 있어.

Autumn is the best season to walk and the weather is just right.

가을은 날씨도 적당하고 걷기에 가장 좋은 계절이야.

I can't stand it without going out in the fall.

가을에는 밖에 나가지 않고는 견딜 수 없어.

So I go outside to enjoy nature every weekend when fall comes.

그래서 나는 가을이 오면 주말마다 자연을 즐기러 나가.

_______의 회화노트

06
듣기는 발품을 팔아야 효과본다

《언어공부》의 저자 롬브 커토는 16개 국어를 구사하는 다중언어 구사자다. 그런 그녀가 책에서 '러시아어 통역을 하면서 러시아어를 유창하게 말할 수는 있었지만, 상대방이 말하는 러시아어 문장을 거의 이해하지 못했다'라고 썼다. 대화 상대방은 이 문제를 그녀의 청력 탓으로 생각했다고 한다.

그녀는 1909년에 태어났다. 그 당시에는 다른 나라의 언어를 귀로 들으면서 공부할 수 있는 장치가 거의 없었다. 그래서 그녀는 온전히 책으로만 언어를 공부했다. 이렇게 들을 기회가 없이 언어를 익혔기 때문에 결국 실전에서는 상대방의 말을 전혀 알아듣지 못하고 반쪽 의사소통만을 이어갔던 것이다.

말하기와 듣기가 따로 놀지 않게 하는 방법

그때에 비하면 지금은 언어를 들으면서 공부할 수 있는 장치들이 넘쳐난다. 그렇다고 우리의 듣기 능력이 저절로 향상되지는 않는다. 특별히 언어공부에 관심이 있어서 일부러 찾아 듣지 않는 한 듣기 능력이 저절로 좋아지지는 않기 때문이다.

영어공부에 대한 조언 중 '무조건 들으면 귀가 뚫린다'라는 말도 있고, '귀를 먼저 뚫어야 비로소 말하기가 된다'라는 말도 있다. 충분한 시간과 환경이 주어진다면 이런 방법들을 시도해보는 것도 나쁘지 않다. 문제는 그러기 위해서는 시간이 만만치 않게 들기 때문에 중도에 포기하게 된다는 데 있다. 따라서 시간을 충분히 투입할 자신이 없다면 이 책에서 제시하는 스피킹 공부와 함께 하루에 들을 수 있는 시간만큼 꾸준히 듣는 방법을 택하는 것이 좋다. 이것이 말하기와 듣기가 따로 놀지 않게 하는 방법이기도 하다.

흥미로운 사실은, 실전에서는 우리가 따로 찾아서 들은 문장들보다는 내 이야기로 만들어서 쓰고 읽고 외운 문장들이 더욱 잘 들린다는 것이다. 이런 사실을 생각해보면 '듣기가 무조건 먼저'라는 조언이 무조건 맞는다고 볼 수도 없다.

나에게 흥미 있는 듣기 소재를 찾아서 듣기

필자 역시 말하기에 더 집중해서 연습하고 나서 듣기가 더 잘

됐다. 듣기를 하더라도 많은 시간을 들이는 방식보다는 흥미로운 주제의 방송을 들었다. 사실 처음에는 다른 사람이 추천해주거나 영어공부에 도움이 될 것 같은 방송이나 영어뉴스 등을 찾아 들었는데 필자와는 잘 맞지 않았다. 일주일이 안 돼서 흥미가 떨어지고 내용도 귀에 들어오지 않았다. 그러다 흥미 있는 방송을 듣기 시작하자 어휘나 내용들이 귀에 쏙쏙 꽂혔다. 방송내용을 듣다가 나중에 나도 비슷한 상황에서 저런 표현을 꼭 써봐야겠다는 내용이 나오면 하루 종일 그 단어나 어휘를 곱씹어보기도 했다. 필자에게는 여전히 이런 과정이 진행 중이다.

여러분 역시 영어 듣기를 꾸준히 하려면 자신의 관심분야나 흥미 있는 주제의 채널을 찾아야 한다. 물론 필자가 그랬듯이 처음부터 나에게 딱 맞는 듣기 채널을 찾기가 쉽지는 않다. 하지만 시간이 좀 걸리더라도 반드시 스스로 그런 채널을 찾아야 한다.

다만 관심 있는 분야라도 너무 들리지 않으면 계속 듣기가 힘들 수 있다. 따라서 관심 있는 듣기 채널을 찾되, 최소한 내용의 절반 이상을 소화할 수 있는 적정한 수준의 채널을 찾는 것이 좋다. 들리지 않는 것을 억지로 듣느라 영어에 흥미를 잃고 또다시 영어를 포기하게 되는 악순환의 고리를 끊어버리자.

미션 19

너는 다룰 줄 아는 악기가 있니?

Can you play any musical instruments?

영주의 회화노트

I used to play the piano when I was an elementary school student.

나는 초등학생이었을 때 피아노를 치곤 했어.

I went to a piano academy at my mother's suggestion.

나는 엄마의 권유로 피아노학원을 다녔어.

So I didn't practice it hard at that time.

그래서 그때는 피아노를 열심히 연습하지 않았어.

I've never played the piano since then.

그 이후로 피아노를 쳐본 적이 거의 없어.

Now I forgot a lot how to play the piano.

지금 나는 피아노 치는 법을 많이 잊어버렸어.

What's interesting is that I can still play an easy piece of music.

흥미로운 것은 나는 아직도 쉬운 악보의 곡은 칠 수 있다는 거야.

Maybe what you learned when you were a kid stays in your memory longer.

아마도 어렸을 때 배운 것은 기억에 더 오래 남나봐.

I think that having an instrument you can play is good.

나는 연주할 수 있는 악기가 있다는 것은 좋다고 생각해.

I want to learn how to play the piano again in the future.

나는 나중에 피아노 치는 법을 다시 배워보고 싶어.

_______의 회화노트

Chapter 6

원어민 영어에 대한 환상에서 벗어나야 말문이 트인다

01

영어 스피킹에 대한 간절함은 어느 정도일까?

'영어공부를 왜 하나요?'는 여러분 각자가 가지고 있는 영어공부에 대한 간절함을 묻는 질문이다. 필자(혜정)의 경우 고3 생활의 답답함을 해소하기 위한 일상의 일탈에서 영어를 공부하고 싶다는 생각이 생겼고, 대학시절 유학을 목적으로 학원을 다니는 과정에서 영어공부를 간절하게 하고 싶은 마음이 생겼다. 그 과정을 간략히 소개하면 이렇다.

필자가 처음 영어에 눈을 뜨게 된 곳은 학교가 아니다. 중학교에 입학해서 처음 ABC를 배우고 'Good morning'을 외우는 데 꼬박 일주일이 걸렸다. '굿모닝'이라는 발음이 익숙하지 않아서 일주일 내내 노트에 '지오오디 엠오알엔아이엔지'라고 써놓고 단어를 외웠다. 고등학교에 들어가서도 영어공부는 쉽지 않았다. 《성문기본영어》, 《성문종합영어》, 《맨투맨 종합 편》을 5번 넘게 봤지만 문장의 5형식이 나오는 1장은 늘 어렵기만 했다.

그러다 앞서 이야기했듯이 고등학생 시절 혼자 영화관에 가서 영화를 보면서 영어에 대한 좋은 감정이 생기기 시작했다. 당시 주말 자율학습이 끝나는 오후 6시에 도시락 가방을 덜렁덜렁 흔들며 포항 시내에 가서 허름한 영화관에 들어갔다. 딱히 특정 영화를 볼 의도는 없었기 때문에 갈 때마다 그냥 아무 영화나 보곤 했다. 그렇게 본 영화 중에 브루스 윌리스가 주연한 〈스트라이킹 디스턴스(Striking Distance)〉, 톰 행크스가 주연한 〈포레스트 검프(Forest Gump)〉, 브래드 피트가 주연한 〈가을의 전설(Legends of the Fall)〉이 기억에 남아 있다.

〈가을의 전설〉은 브래드 피트가 나오는 장면이 멋있어 보이기는 했지만 내용이 와닿지는 않았다. 그런데 브래드 피트가 영어로 말하는 것 자체가 너무 신기했다. 미국 사람이 영어로 말하는 것이 당연한데도 너무 신기하게 보였다. 그러다 이런 생각이 들었다.

'나도 저렇게 말하고 싶다.'

그때 처음으로 느낀 영어에 대한 좋은 감정이 영어사랑의 출발점이 될 줄 몰랐다.

그 후 대학에 들어가서 3학년이 될 때까지도 영어에 대한 간절함은 없었다. 그러다 영어권 국가에 유학을 가고 싶어서 휴학을 하고 본격적으로 영어공부를 하기 시작했다. 앞서 이야기했듯이 이때 영어학원을 다니면서 원어민 강사의 '주말에 뭐했니?'라는 질문에 답을 하기 위해 영어일기를 쓰기 시작했고, 파트너와 영어로 주말에 있었던 일에 대한 대화를 나누면서 영어의 재미에 빠져들었다. 당시에는 유학이 목적이라는 사실을 잊을 정도로 매일매일 내가 좋아서 영어공부를 했다. 만일 유학이나 토플점수에 연연해서 영어공부를 했다면 날마다 조금씩 영어실력이 늘어가는 묘미를 즐기지 못했을 것이다.

여러분은 어떤가? 필자는 영어 스피킹을 잘하고 싶은 마음에 이 책을 집었다는 자체로 여러분이 영어에 대한 간절함을 가지고 있다고 생각한다. 간절함의 원천은 취업일 수도, 직장 내 승진일 수도, 외국인과의 자유로운 의사소통일 수도 있다. 또 영어공부를 하고 싶은 이유가 '좋아해서'일 수도 있고, '목표를 이루기 위해서'일 수도 있다. 그것이 무엇이든 스스로 영어 스피킹 공부를 하고 싶은 이유를 생각해보고 절실함의 정도를 체크해보면 어떨까? 그 절실함이 여러분이 영어공부를 할 때 지치지 않게 해주고, 매일매일 실력이 늘어가는 기쁨을 느끼게 해주는 원동력이 된다.

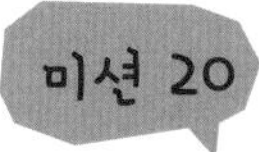

너는 왜 영어를 공부하니?

Why do you study English?

혜정이의 회화노트

I study English because I want to talk with people from other countries.

나는 영어공부를 해, 왜냐하면 다른 나라에서 온 사람들과 이야기 하고 싶어서야.

The other day, one of my friends introduced me to a friend of my age.

며칠 전에 내 친구 한 명이 나에게 내 또래 친구 한 명을 소개시켜 줬어.

I couldn't say even one sentence properly.

나는 한 문장조차 제대로 말할 수가 없었어.

That made me feel the need to study English.

이것이 나에게 영어공부에 대한 필요성을 느끼게 만들었어.

I have been studying English for about one month.

나는 한 달 정도 영어공부를 하고 있어.

I am getting keen on English.

나는 영어가 좋아지고 있어.

Everyday, I write down the things that I did each day and repeat after them.

매일 나는 내가 날마다 했던 일을 적고 반복해서 말해.

_____ 의 회화노트

02

하나의 언어는 하나의 세계다

앞으로 인공지능시대가 온다고 한다. 언어장벽 문제도 해결해 줄 수 있다고 한다. 우리말로 이야기하면 바로 그 나라 언어로 해석해주는 번역기가 곧 나오기 때문에 많은 시간과 돈을 들여 언어를 공부하지 않아도 된다는 이야기를 종종 듣는다. 정말 앞으로는 언어를 배울 필요가 없는 것일까?

마윈 회장이 말하는 언어의 의미

필자는 가끔 유튜브에서 알리바바 창업자인 마윈 회장이 영어로 이야기하는 방송을 듣곤 한다. 원어민은 아니지만 그의 영어가 명쾌하고 쉽기 때문이다. 그는 어려운 단어나 어휘를 사용하지 않는다. 누구나 쉽게 알아들을 수 있는 단어나 어휘를 사용해서 전하고자 하는 메시지를 자신 있게 표현한다. 그런 그가 인공지능시대에 영어를 배울 필요가 있느냐는 질문에 이렇게 대답했다.

"우리가 언어를 배울 때 외국문화를 이해하기 시작하는 것이며, 그들의 문화를 인정하고 존경하는 것이다. 그럴 때 그들도 우리를 인정하고 존경하게 된다. 그러면 함께 일할 수 있을 것이다."

언어를 배움으로써 그 나라의 문화를 알게 되면 그들을 이해하게 되고 동료가 될 수 있다는 것이다. 또한 그는 그 나라의 문화를 배우면 언어를 배우기가 쉽다고 이야기한다. 이것이 인공지능이 아무리 발달하더라도 우리가 언어를 배워야 하는 이유다.

그의 말처럼 하나의 언어를 배운다는 것은 나의 지평을 넓히고 가능성을 확장한다는 것을 의미한다. 나아가 하나의 세계를 받아들인다는 의미도 있다.

언어학습은 빨리 보다는 천천히 즐기면서

늘 그렇지는 않지만, 영어권에서는 대체로 처음 보는 사람에게도 'Good morning, how are you?'라고 인사한다. 잘 모르는 사람일지라도 거리낌 없이 다가가 포옹하며 반가움을 표현하고, 각자 음식을 준비해오는 포틀럭 파티(potluck party)를 즐긴다. 언어와 함께 이런 문화를 알고 있으면 그들을 더 잘 이해하게 되고,

여행을 가서도 덜 낯설고 포용하는 자세를 갖게 된다.

한편, 마윈은 영어를 쉽고 빨리 배우는 방법을 묻는 질문에 '외국어를 빨리 배우려는 것은 좋은 방법이 아니며, 천천히 즐기면서 배우라'고 답했다. 뭐든지 빨리 배우기를 좋아해서 '몇 개월 만에 영어 완성, 1년 만에 원어민처럼 말할 수 있는 방법' 등에 귀가 솔깃해지는 사람들에게 시사하는 바가 크다.

필자 또한 이런 말들에 귀가 솔깃해져서 돈과 시간을 낭비한 적이 있다. 물론 지금은 그런 말들에 속지 않는다. 무엇을 배우든 시간이 필요하고, 시간을 들여 실력을 향상한 후에 그것을 유지하고 보충하기 위한 시간도 필요하다.

미션 21

너의 하루 일과에 대해 말해줄 수 있니?

Can you tell me about your daily routine?

영주의 회화노트

I usually get up at 6 in the morning.

나는 보통 아침 6시에 일어나.

As soon as I get up, I do some stretching to wake up.

나는 일어나자마자 잠을 깨기 위해 약간의 스트레칭을 해.

I usually stretch my arms up and straighten my body out.

나는 주로 두 팔을 위로 뻗고 몸을 전체적으로 쭉 펴주는 스트레칭을 해.

I eat breakfast before I wash my face.

세수를 하기 전에 아침을 먹어.

I eat a boiled egg, fruit and drink tea for breakfast.

나는 아침으로 삶은 계란, 과일 그리고 차를 마셔.

And sometimes I eat salad and nuts.

그리고 가끔 샐러드와 견과류를 먹어.

I used to eat rice and soup for breakfast.

나는 아침으로 밥과 국을 먹곤 했었어.

But I changed my diet a few months ago, because it is easy to prepare and I feel healthier when I eat them.

하지만 나는 몇 달 전에 식단을 바꿨어. 왜냐하면 준비하기가 쉽고 내가 그것을 먹을 때 더 건강하게 느껴지기 때문이야.

Above all, it is good to save time every morning.

무엇보다도, 아침마다 시간을 절약할 수 있어 좋아.

_______의 회화노트

03
영어 스피킹 파트너가 꼭 외국인이어야 할까?

요즘에는 종종 영어를 가르쳐주는 TV 프로그램이 나온다. 한 프로그램에서는 영어를 배우려는 연예인들이 나와서 영어실력이 늘어가는 과정을 보여준다. 기본적으로 영어를 재미있게 배울 수 있는 환경을 마련해주고, 일상생활에서의 유용한 표현이나 각 출연자의 상황에 맞는 표현들을 익히게 하고, 과제도 성실하게 수행하게 한다. 중간 중간 외국인과 만나서 자연스럽게 소통하면서 익힌 표현들을 연습해볼 기회도 제공한다. 이런 과정을 통해 짧은 기간에도 영어실력이 충분히 늘 수 있다는 가능성을 보여준다.

이보다 더 완벽할 수는 없다. 이런 환경이 주어진다면 누구라도 영어실력이 팍팍 늘 것 같다는 생각이 든다. 프로그램을 본 사람들이라면 '영어는 저렇게 배워야 하는구나'라고 생각할 것이다.

하지만 우리의 현실은 너무나 다르다. 전문가에게 일대일 과외를 받고, 과제를 이행하는 것까지는 할 수 있다 하더라도, 외국인과 만나서 자연스럽게 배운 것들을 활용할 기회를 얻을 수 있는 사람은 많지 않다. 외국에서 외국인 친구의 집에 초대받아 파티까지 할 기회를 얻기는 더더욱 쉽지 않다. 회사에서 외국인 동료와 함께 일하거나, 자유롭게 소통할 외국인 친구가 있지 않다면 말이다.

외국인과 대화해야 한다는 고정관념을 버려라

여러 사정상 쉽게 외국인을 만날 수 있는 상황이 아니다 보니, 혼자 스피킹 연습을 하는 사람들도 있다. 물론 혼자서라도 매일 스피킹 연습을 하는 것이 아예 하지 않는 것보다는 낫다. 하지만 영어 스피킹의 목적은 '소통'에 있음을 절대 잊어서는 안 된다. 더구나 매일 혼자서 스피킹 연습을 하면 영어학습의 동기뿐만 아니라 실전 적응력도 떨어진다.

물론 외국인 친구를 사귀면 좋겠지만 현실적으로 쉽지 않다. 그렇다면 최근 많이 나오고 있는 외국인과의 언어교환 프로그램이나 채팅 어플 등을 이용하는 것도 방법이다. 하지만 꼭 외국인과 대화해야 한다는 고정관념부터 버릴 필요가 있다. 채팅 등을 통해 외국인과 대화하는 것이 꺼려진다면 한국인 파트너와 함께 영어표현들을 연습해도 상관없다. 오히려 처음에 영어 스피킹 연습을 할 때에는 내 말을 잘 들어주는 한국인 파트너가 더 도움이 될 수 있다.

 전화영어 제대로 활용하기

전화영어를 활용하는 것도 좋은 방법이 될 수 있다. 가성비면에서도 좋다. 다만 전화영어를 100퍼센트 잘 활용하려면 할 말을 미리 준비하고, 내 말을 잘 들어줄 수 있는 선생님과 통화하는 것이 좋다. 내가 연습한 말을 실전처럼 써먹을 수 있는 상대와 전화영어를 활용해야 실패하지 않는다.

또한 아직 영어 스피킹이 익숙하지 않은 상태라면 원어민 선생님에게 배워야 한다는 생각은 하지 않는 것이 좋다. 한국말을 못

하는 원어민 선생님은 학생이 서툴게 하는 말의 의도를 정확히 파악하지 못하기 때문에 한국인 선생님처럼 디테일한 부분을 고쳐주기 어렵다. 그러다 보면 대화도 제대로 안 되고 속 시원하게 배운 것도 없이 10분이 그냥 흘러가기 쉽다. 나의 부족한 부분을 잘 잡아주고 고쳐주기를 원한다면 한국인 선생님에게 배우는 것이 훨씬 효과적이다.

다시 한 번 강조하지만, 영어는 원어민에게 배워야 한다는 생각을 버려라. 영어회화학원에 다녀봤지만 효과를 별로 보지 못한 사람이라면 알 것이다. 내가 직접 연습해보고 말해보지 않으면 원어민 선생님과 1년 이상 수업을 하더라도 절대 영어가 늘지 않는다.

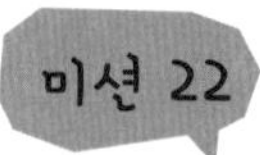

너는 아침형이야, 저녁 올빼미형 타입이야?

Are you an early bird or night owl type?

혜정이의 회화노트

I am an early riser.

나는 아침형이야.

I wake up at 6 o'clock.

나는 6시에 깨.

I draw the curtains open so that the light can come in the room.

나는 커튼을 걷고 햇볕이 방에 들어오도록 해.

I open the door to breathe fresh air.

나는 문을 열어서 신선한 공기를 마셔.

But, these days, we have heavy fine dust.

그런데 요즘에는 미세먼지가 심해.

I can't often walk around the block.

나는 종종 동네 주위를 걸어 다닐 수가 없어.

Anyway, on sunny days, I try to go outside and enjoy

dust-free time.

어쨌든 화창한 날에 나는 밖에 나가서 미세먼지 없는 시간을 즐기려고 해.

__________ 의 회화노트

04

영어권 국가에 살면 영어가 저절로 될까?

사실 필자도 '영어권 국가에 살면 영어가 저절로 된다'라고 생각한 적이 있다. 그것도 꽤 오래. 대학교 2학년 때 캐나다로 어학연수를 가는 친구가 그렇게 부러울 수가 없었다. 그 바람에 필자도 어학연수를 가고 싶어서 3학년을 마치고 휴학을 했을 정도였다. 하지만 생각보다 비용이 많이 들어서 어학연수는 포기하고 바로 유학을 준비했다.

스스로 공부에 집중할 환경을 만들지 않으면 의미가 없다

이후 미국에 유학을 가서야 아무리 영어권 국가에서 오래 살아도 스스로 영어를 습득할 환경을 만들어서 선택과 집중을 하지 않으면 영어실력이 늘지 않는다는 사실을 절실히 깨달았다.

실제로 그곳에서 만난 한국인 의사는 거주한 지 20년이 넘었는데도 아직 영어가 많이 짧다고 솔직하게 이야기해줬다. 자신이 주로 활동하는 커뮤니티가 대부분 한국인으로 이루어진 데다, 의사라는 직업상 환자들과도 할 말만 하면 되므로 영어공부의 필요성을 못 느꼈다는 것이다.

유학온 지 3년이 지났다는 어떤 유학생은 여전히 영어가 편하지 않고 현지 사람들과 사귀기가 쉽지 않다며 오히려 필자에게 영어 스피킹 방법을 가르쳐달라고 하기도 했다.

물론 개인의 성향이나 환경에 따른 차이는 있겠지만, 필자는 이런 경험을 통해 영어권 국가에 산다고 해서 저절로 영어가 되지는 않는다는 사실을 알게 됐다.

사실 필자 역시 미국에 있었던 때가 필자의 인생에서 영어학습을 가장 적게 한 시기였다. 당시에는 미처 이런 사실을 인지하지 못했다. 석사과정이라 리포트가 너무 많아서 밤을 새는 일이 많았고, 주말에는 학업 스트레스를 풀기 위해 한국에서도 보지 않았던 한국드라마를 보는 일상을 반복했다.

기회가 되고 본인의 멘탈을 강하게 잡은 상태라면 영어권 국가에서 생활하며 영어를 공부하는 방법을 생각해볼 수 있다. 하지만 그것이 꼭 영어공부를 위한 필요충분조건은 아니라는 사실을 기억하자.

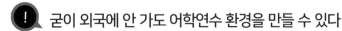

굳이 외국에 안 가도 어학연수 환경을 만들 수 있다

'영어권 국가에 가면 영어가 저절로 될 것'이라는 환상에서 벗어나면, 오히려 내가 어디에 있든 주어진 상황을 이용해서 영어를 공부할 방법을 찾을 수 있다. 요즘은 미디어 천하시대다. 유튜브, 페이스북, 인스타그램 등 영어를 접촉할 수 있는 매체가 무궁무진하다. 영어에 대한 절실함과 절박함이 있다면, 굳이 외국을 가지 않더라도 스마트폰 하나로 얼마든지 어학연수 환경을 만들 수 있다.

여유가 있다면, 단기로 가까운 영어권 국가에 가서 위와 같은 방식으로 쌓은 영어실력을 직접 시험해보는 것도 좋다. 필자의 경우 이런 목적으로 해외 자원봉사를 간 적이 있다. 인도네시아의 스마랑이라는 작은 마을에서 한 달 동안 홈스테이를 하면서 일행 5명과 함께 학교나 고아원 건물에 페인트칠을 했고 문화교류 체험도 했다. 그런 과정에서 현지인들과 영어로 의사소통을 했다.

그 기간 동안 필자는 영어의 유용성을 맛봤고, 영어공부에 대한 간절함이 증폭했다.

언어공부의 조건은 '일정한 시간+꾸준한 반복'이다. 물은 99도까지 안 끓다가 100도에 끓는다. 임계질량의 원리다. 영어공부도 마찬가지다. 99도까지 꾸준히 올릴 때까지는 표시가 잘 안 난다. 하지만 마지막 1도가 결정적인 역할을 함으로써 영어 말문이 터지게 된다. 어디에서 공부하느냐는 크게 중요하지 않다.

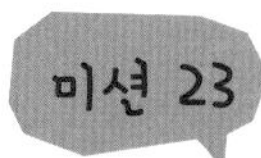

너는 동네에서 자주 가는 맛집이나 카페가 있니?

Are there any spots you usually go to in your block?

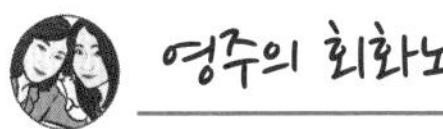

There is my favorite restaurant near my house.

우리 집 근처에 내가 좋아하는 식당이 있어.

It takes about 5 minutes to get there by car.

그곳에 가는 데는 차로 5분 정도 걸려.

The restaurant serves Italian food and Japanese food.

그 식당은 이탈리아 음식하고 일본 음식을 팔아.

The biggest advantage of the restaurant is that you can taste both at once.

그 식당의 가장 큰 장점은 한 번에 그 2가지 종류의 음식을 맛볼 수 있다는 거야.

Especially, I like sushi and steak.

특히, 나는 초밥과 스테이크를 좋아해.

They are fresh and delicious.

그것들은 신선하고 맛있어.

I would like to recommend it to those who want to enjoy Italian food and Japanese food together.

나는 그곳을 이탈리아 음식과 일본 음식을 함께 즐기고 싶은 사람들에게 추천하고 싶어.

__________의 회화노트

05

어학연수의 목표는 영어 잘하기가 아니다

앞서 이야기했듯이 영어를 공부하기 위해 꼭 어학연수를 갈 필요는 없다. 그런데도 꼭 가보고 싶다면 우선 어학연수의 목적을 명확히 해야 한다. 막연하게 '가기만 하면 영어가 되겠지'라는 생각은 위험하다.

필자(영주)는 영어로 기본적인 의사소통이 가능한 상태에서 캐나다로 어학연수를 갔었다. 당시에 1년 넘게 그곳에서 연수 중인 한국인 학생과 자주 만나 영어로 소통할 기회가 있었는데, 이때 그녀의 스피킹 실력이 어학연수를 시작한 지 한 달도 안 된 필자와 별다른 차이가 없다는 사실에 놀랐던 기억이 있다. 그런데도 그녀는 한국에서는 영어로 전혀 말할 수 없었는데 캐나다에서 1년 이상 공부한 덕분에 그나마 영어로 말할 수 있게 됐다는 사실에 만족해 했다. 하지만 필자는 그 1년이란 시간이 너무 아깝다는 생각이 들었다.

 어학연수를 가도 소통의 기회는 많지 않다

요즘은 한국에서도 충분히 영어를 배울 수 있다. 따라서 어학연수는 실전감각을 익히고 자신의 영어실력을 확인해본다는 생각으로 가는 것이 돈도 시간도 절약하는 방법이 된다. 막상 어학연수를 가게 되면 자신이 적극적으로 시도하지 않는 한 원어민과 영어로 말할 기회가 많지 않다. 그곳에서도 주로 학원에서 영어를 배우는데, 원어민 선생님이 되도록 쉬운 문장으로 천천히 말해주거나 보통 속도의 말로 수업을 한다. 그래서 그런 수업만 듣다 보면 듣기가 잘 된다고 착각하기 쉽다. 또 대부분 서로 비슷한 영어실력을 가진, 비영어권 국가에서 온 학생들과 함께 공부하기 때문에 수업시간에 원어민 선생님과 잠깐 이야기하는 것 빼고는 실제로 영어로 소통할 기회가 없다.

 어학연수의 효과를 높이는 노하우

위와 같은 상황을 겪지 않으려면, 내가 연수를 가려는 지역에 원어민과 함께 참여할 수 있는 프로그램들이 있는지 미리 조사해보거나, 종교인이라면 원어민들이 주로 다니는 교회나 성당의 종교행사에 참여해보는 것이 좋은 방법이 될 수 있다.

필자의 경우 교회를 다니지 않지만, 일부러 원어민들을 많이 만나보기 위해서 현지에 있는 교회를 나갔다. 그들과 어울리다 보니 살아있는 영어를 많이 접할 수 있었고, 그들의 문화를 직접 체험해보는 기회도 많이 가질 수 있었다. 그런 기회를 통해 학원에서 쓰는 영어와 실전에서 쓰는 영어가 많이 다르다는 사실도 실감하게 됐다. 그들이 친구들과 이야기하는 내용을 절반 이상 못 알아듣는 현실에 자괴감을 느끼기도 했다.

그렇다면 1년이고 2년이고 그들의 영어를 알아듣고 따라 할 수 있을 때까지 그곳에서 생활하면 되는 것일까? 쉽지 않다. 우선 경제적인 여건이 가장 큰 걸림돌이 된다. 설사 경제적인 여건이 받쳐준다 해도 한국에서 영어를 배우기 위해 했던 만큼의 노력을 똑같이 투입해야 가능한 일이다.

그래서 어학연수는 가기 전에 미리 자신의 영어실력을 충분히 향상시키는 일이 선행돼야 한다. 내가 한국에서 갈고닦은 영어실력을 리얼한 현장에서 맘껏 써먹어보고 그 나라의 문화를 익힌다는 생각으로 가야만 후회가 덜하고 실패하지 않는다. 연수를 가서 영어를 배운다는 생각은 애초에 하지 않는 것이 좋다.

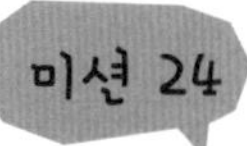

너는 새해 첫날 보통 뭐하니?

What do you usually do on New Year's Day?

혜정이의 회화노트

I do eat rice-cake soup.

나는 떡국을 먹어.

On New Year's day, my mom cooks it.

새해에 어머니께서 떡국을 요리하셔.

My entire family gathers to enjoy this special day.

나의 가족 모두가 모여서 이 특별한 날을 즐겨.

We enjoy eating the dish.

우리는 떡국을 먹어.

Traditionally, Koreans believe that eating it makes us get a year older.

전통적으로 한국 사람들은 떡국을 먹으면 한 살을 더 먹는다고 믿어.

We also play a game.

우리는 또한 게임도 해.

It is a game of Yut(윷놀이).

그것은 윷놀이라는 게임이야.

We all sit around together.

우리는 모두 둘러앉아.

We make teams for the game.

우리는 팀을 짜서 게임을 해.

It is really fun.

정말 재미있어.

_______의 회화노트

06

원어민 발음이 글로벌 발음일까?

전 세계 20억 인구가 영어를 사용한다. 그 중 원어민은 3억 명이고, 나머지 17억 명의 영어 사용자는 비영어권 국가에 거주하고 있다. 그런데도 소위 원어민 발음에 유독 집착하는 사람들이 많다. 특히 우리나라 사람들이 유달리 선호하는 원어민 발음이 있다. 바로 미국 남부도 아닌, 동부의 뉴욕 또는 보스턴 쪽이나, 서부의 LA 또는 샌프란시스코 쪽 발음인 듯하다.

똑같은 영어라도 국가별 특성이 반영된다

필자(혜정)는 직업이 통역사이다 보니 다양한 나라 사람들의 다양한 영어발음을 들을 기회가 많다. 초기에는 통계분야의 일을 많이 하면서 동남아 태평양 지역 국가의 사람들을 많이 만났는데, 인도에서 온 사람의 영어를 처음 들었을 때에는 영어가 아닌 줄 알았다. 그런데 매해 자주 듣다 보니 그들의 영어에 익숙해졌고 어느 순간부터는 나도 인도 영어를 따라 하며 같이 대화하게 됐다.

마찬가지로 해외에 출장을 가서 통역할 때 듣는 독일 영어, 싱가폴 영어, 태국 영어는 모두 그 나라 언어 고유의 억양을 가지고 있어서 처음에는 어색하지만 어느 순간 익숙해지곤 했다. 특히 뉴질랜드와 아일랜드 영어가 좀 난해했는데, 마찬가지로 그 나라 사람의 말을 듣다 보면 어떤 단어가 그렇게 발음되는지가 파악되면서 내용을 이해할 수 있게 됐다.

이렇게 글로벌 발음에 대한 경험이 쌓이면서 필자가 공부할 때 들었던 영어발음이 정석이 아니며, 나라마다 영어의 억양이나 강세(accent)가 다양하다는 사실을 알게 됐다. 오히려 나중에는 통역연습을 하기 위해 TED(미국의 비영리재단에서 운영하는, 다양한 분야의 전문가가 강연한 내용을 동영상으로 올린 웹사이트)에 들어가서 비원어민 영어를 알아듣기 위해 노력해야 했다.

스스로의 발음에 관대해지되, 이것만 유의하자

이렇게 영어발음은 각 나라 모국어의 특성이 어느 정도 반영돼 있다는 점을 감안하면, 여러분 역시 스스로의 발음에 대해 관대해질 필요가 있다. 다만 영어발음을 훈련하는 데 있어서 몇 가지 유의할 사항이 있다.

첫째, 영어는 '강세(accent)'가 중요한 언어라는 점이다. 미국인이 한국어로 말하는 것을 본 적이 있는가? 이들은 보통 '**저**는 **김**치를 **좋**아해요'라는 식으로 말에 강세를 넣는다. 영어가 모든 단어에 강세가 들어가는 언어라는 특성이 있기 때문에 한국어로 말할 때에도 강세를 넣는 습관이 그대로 나타나는 것이다. 따라서 여러분이 영어발음을 훈련할 때에는 각 단어의 강세에 신경 쓸 필요가 있다.

둘째, 한국어 발음체계에는 없어서 유독 발음이 잘 안 되는 알파벳이 있다는 점이다. 예를 들면 **f**ine과 **p**ine, **v**est와 **b**est 같은 단어들이 그렇다. 또 **pl**ay, wo**rl**d와 같이 2개의 겹친 발음을 연속으로 내야 하는 경우에도 어려움이 있다. 필자의 경우 유독 'f' 발음이 안 돼서 거의 한 달 동안 그 발음만 연습했던 기억이 있다. 이런 경우는 대부분 해당 발음이 내 입에 익숙하지 않아서이므로 꾸준히 연습하는 것이 답이다. 반복해서 연습하다 보면 발음이 확연히 달라진다는 사실을 알게 된다.

발음에 치중하면 영어 말문이 안 떨어진다

최근에 '영국 발음이 귀족영어'라면서, 영국 발음으로 영어공부를 추천하는 영어학습 사이트 광고를 본 적이 있다. 하지만 어느 정도 영어실력이 갖춰지면 영국식 발음을 하든, 뉴욕이나 텍사스 발음을 하든 상관없다. 오히려 영어 스피킹 공부를 시작할 때 너무 영어발음에 치중하면 정작 입을 떼기가 힘들어질 수 있다.

위에서도 말했듯이 유독 잘 안 되는 발음을 집중적으로 연습하되, 나머지는 기본적인 발음에 충실하면서 스피킹 실력을 높이는 데 집중하는 것이 좋다. 그런 다음 여유가 되면 발음에도 신경을 쓰되, 영어권 발음만 고수하기보다는 다양한 국가의 영어발음, 즉 글로벌 영어발음을 들어보길 권한다. 특히 반기문 전 UN 사무총장의 영어연설이나, 마윈 회장, 이스라엘 출신의 역사학자 유발 하라리의 강의를 들어보는 것이 도움이 된다. 확률적으로 여러분이 영어권 국가의 사람들을 만나는 것보다 비영어권 국가의 사람들을 만나게 될 기회가 더 많기 때문이다.

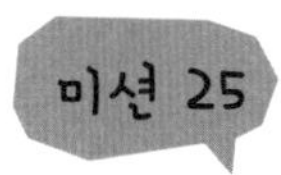

너는 즐겨 방문하는 소셜 미디어가 있니?

Do you have any social media you enjoy visiting?

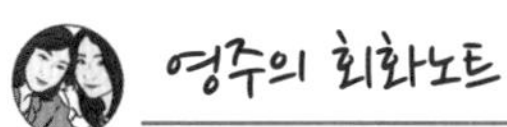

I joined Facebook 2 years ago.

나는 2년 전에 페이스북에 가입했었어.

But I don't use it anymore.

하지만 나는 그것을 더 이상 사용하지 않아.

It's because I spent too much time checking and keeping Facebook.

왜냐하면 나는 페이스북을 확인하고 유지하는 데 많은 시간을 썼었어.

In the end, I left Facebook.

결국에, 나는 페이스북을 탈퇴했어.

At first, I was worried about losing my relationship with other people.

처음에는 나는 다른 사람과 관계가 끊어질까봐 걱정했었어.

I feel more free now.

지금은 더 자유롭게 느껴져.

Now I only use Kakaotalk.

지금 나는 오직 카카오톡만 사용해.

But If I feel the need to communicate with others, I am considering using Instagram.

하지만 만약 다른 사람들과 소통할 필요를 느낀다면, 나는 인스타그램을 사용할 생각이야.

_________ 의 회화노트

07

영어 스피킹 목표를 5세 수준에 맞춰라

영어공부를 하는 많은 사람들이 영어 스피킹 실력을 성인 원어민 수준 정도까지 올려야 한다고 착각하곤 한다. 그런 생각에 CNN이나 BBC, Bloomberg TV의 프로그램을 열심히 시청하기도 한다. 영어방송의 TV 앵커처럼 영어를 구사하겠다는 잠재적 목표를 세웠기 때문이다. 그러면서 '나도 저렇게 막힘없이 영어를 구사해야지', '나도 언젠가는 저렇게 말을 할 수 있겠지'라는 믿음을 갖는다.

하지만 앞에서도 이야기했듯이 유창한 영어 스피킹의 목표는 영어권 국가 4~6세 어린이의 말하는 수준이 적정하다. 딱 평균 5세 수준의 영어 정도면 충분하다. 생각해보라. 우리나라 아이들도 4세 정도면 우리말로 대부분의 의사소통이 가능하다. 좀 늦더라

도 5,6세 정도면 일상적인 대화가 가능하고, 일상생활에 대해 무슨 이야기를 하더라도 대부분 이해한다. 영어도 마찬가지다. 이 정도 영어수준이면 대부분의 의사소통이 가능하다.

영어 스피킹의 핵심은 멋이 아니라 소통이다

사실 필자(혜정)도 처음 영어공부를 시작할 때에는 CNN 앵커나 성인 원어민 정도의 영어수준을 목표로 했다. 하지만 오랜 시간 영어를 공부하고 통역사로 활동하다 보니 영어를 쉽고 간결하고 정확하게 구사할 수만 있으면 대부분의 의사소통이 가능하다는 사실을 절실히 느꼈다. 우리에게 필요한 것은 원어민들이 아주 빠른 속도로 말하는 수준의 영어가 아니다. 단지 내가 전달하고 싶은 내용을 영어로 표현할 수 있는 수준이면 된다. 여기에 각자의 상황에 따라 특정 분야에서 많이 쓰이는 단어나 표현, 어휘를 추가해서 익히는 것으로 충분하다.

이때 자신이 공부하면서 발견한, 마음에 드는 표현을 연습하는 문장에 활용해보면 영어공부할 맛이 더 날 수는 있다. 필자의 경우 통번역대학원을 다닐 때 〈TIME〉 지를 구독한 적이 있는데, 내용은 어려웠지만 새로운 표현이나 어휘가 무궁무진해서 그것들을 열심히 보고 익혀서 문장에 활용해보곤 했다. 그 중에서 'at a snail's pace'라는 표현이 있다. 직역하면 '달팽이의 속도로'라는 뜻인데, '느리게'의 의미를 강조할 때 쓰이는 미국식 숙어다. 예를 들면 다음과 같이 쓰일 수 있다.

The roads were full of cars and we were moving at a snail's pace.

도로가 차로 가득차 있어서 우리는 아주 느린 속도로 움직이고 있었다.

표현이 마음에 들어서 통역할 때 '느리게'라는 표현이 들어가는 말이 나올 때마다 즐겨 사용했다.

하지만 이런 방식을 활용하여 영어공부할 맛을 더하더라도, 기본적으로 영어는 '소통의 도구'라는 사실을 잊어서는 안 된다. 즉, 무엇보다 상대방에게 나의 의도를 빨리 쉽게 표현하는 것이 중요하다. 위의 경우에도 굳이 'at a snail's pace'라는 표현을 쓰기 보다는 'very slowly'라고 표현하는 편이 내 의도를 더 쉽고 간결하고 정확하게 전달하는 방식이 될 수 있다.

주어, 동사 하나씩의 짧은 단문이면 소통이 가능하다

여러분이 영어구사 목표수준을 원어민 4~6세 아이 정도로 맞추면 영어공부를 하는 마음이 훨씬 가벼워진다. 문장을 만들 때도 길게 한 문장으로 표현하지 않고, 아이들이 말하듯이 몇 개의 단문으로 끊어주면 된다. 한 문장에 주어 하나 동사 하나면 좋다. 예를 들어 다음과 같은 문장이 있다고 해보자.

> 일요일에 집안 대청소를 했는데, 바닥에 장난감이 너무 많아 발에 치일 정도여서 장난감 박스 2개를 사 와서 거기에 담아 정리했다.

문장이 하나로 길게 이어지다 보니 영작을 할 때 주어나 동사 찾기가 힘들고, 어떻게 문장구조를 만들어야 할지도 애매해서 정신이 하나도 없다. 반면에 이 문장을 다음과 같이 단문으로 잘라서 연결하면 영문을 만들기가 훨씬 수월해진다.

일요일에 나는 집안 대청소를 했다.

→ On Sunday, I did house cleaning.

그런데 장난감이 너무 많았다.

→ But, I had too many toys on the floor.

발에 치일 정도였다.

→ They were hit by my foot.

그래서 장난감 박스 2개를 사왔다.

→ So, I bought two toy boxes.

그리고 나는 거기에 그것들을 담았다.

→ And then I put the toys into them.

각각 주어와 동사가 하나씩만 들어가니 문장 만들기도 편하고, 듣는 상대방도 이해하기 좋다. 참고로 위의 문장 중에서 '발에 치일 정도였다(They were hit by my foot)'라는 직접적인 표현을 다음과 같이 전체적인 상황을 구체적으로 표현하는 방식으로 바꿔볼 수도 있다.

장난감들이 통제 불가능한 상태였다.

→ They were out of control.

이런 식으로 문장을 간편하게 만들기 위해 사고를 단순화하는 작업을 하면 문장이 짧아져서 의미를 더 명확하게 전달할 수 있다.

 원어민 5세 수준의 영어를 더 많이 접해봐야 한다

어떤 사람은 유창한 영어 스피킹의 목표수준을 5세 아이로 잡는 데 대해 유치하다고 생각할 수 있다. 적어도 원어민 고등학생 수준은 돼야 한다고 생각한다. 하지만 영어를 잘한다는 국내 유명인이 영어로 말하는 영상을 유튜브 등에서 찾아보라. 예를 들어 방송인 손미나 씨나 혜민 스님, 김수영 작가 등을 들 수 있다.

이런 사람들은 간혹 아리랑TV의 〈Heart to Heart〉라는 토크쇼에 초대돼 영어로 인터뷰를 하기도 한다. 이런 자리에서 그들은 자신의 전문분야에서 사용하는 용어를 중간 중간에 넣기는 하지만, 문장을 길게 잇지 않고 할 말의 요지를 정확하고 간단한 단문으로 표현한다. 이런 짧은 문장들을 빨리 연결하는 흐름(flow)이 좋기 때문에 영어가 아주 자연스럽게 느껴지는 것이다.

여러분이 쉽고 간결하고 정확한 영어 스피킹 실력을 갖추고 싶다면 5세 수준의 쉬운 영어를 더 많이 접하고 말해봐야 한다. 그래야 공부하는 부담이 줄고, 어디에서든 여러분이 하고 싶은 말을 자유롭게 표현할 수 있다.

너는 보통 추석 때 뭐하니?

What do you usually do on Chuseok?

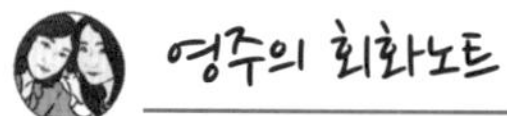

I visit my mother-in-law the day before Chuseok.

나는 추석 전날에 시어머니댁을 방문해.

The whole family gets together that day.

모든 가족이 그날 모여.

We ask each other how they are and drink coffee together.

우리는 서로의 안부를 묻고 함께 커피를 마셔.

After that, we make food for our ancestors.

그런 후에 우리는 우리의 조상(제사)을 위한 음식을 만들어.

My mother-in-law often makes sikhye(sweet rice drink), which tastes good.

시어머님은 자주 식혜를 만드시는데, 그것은 맛이 좋아.

On the morning of Chuseok, we have a memorial service and eat our food together.

추석날 아침에 우리는 차례를 지내고 음식을 함께 먹어.

We visit the graves of our ancestors after the memorial service.

우리는 차례 후에 성묘를 가.

_______의 회화노트

08

내가 만든 영어문장이 더 고급지다

캐나다에서 어학연수를 마치고 한국으로 돌아오기 전에 록키 산맥을 여행할 때였다. 차를 렌트했는데 타이어에 바람이 빠져서 공기를 주입하러 갔다. 거기에서 만난 캐나다인에게서 연장을 빌리고, 공기주입방법에 대해 많은 도움을 받았다. 이런 과정에서 그와 이런저런 이야기를 주고받았는데, 대화 중에 약간 답답한 부분이 있었다. 그가 물어보는 말에 대답하기는 수월한 반면, 좀처럼 질문하기가 쉽지 않았던 것이다. 그에게 그 지역에 대해 물어보고 싶은 것들이 많았는데 질문이 빨리 떠오르지 않았다.

필자는 이 경험을 계기로 평서문만 집중해서 만들었던 연습 방식을 바꿔서, 질문도 함께 만들기 시작했다. 예를 들어 'The food made my mouth water(그 음식이 나의 입맛을 돋게 했어)'라는 평서문이 있다면, 'How was it?(그거 어땠어?)'과 같이 그런 대답이 나올 만한 질문을 같이 만들어보는 식이었다. 이렇게 나만의 '대화형 회화책'을 만들어나갔다.

의문문은 평서문 못지않게 중요하다. 특히 질문을 통해 상대방에 대해 궁금한 것을 물어보면 자연스러운 대화 분위기를 만들 수 있다. 물론 평서문 만들기도 익숙하지 않을 때 질문까지 연습하기가 버거울 수 있다. 이런 경우 무리할 필요 없이, 평서문 만들기에 충분히 익숙해진 다음에 질문 만들기를 함께 연습하면 된다.

내 이야기로 연습해야 실전에서 입이 열린다

영어로 대화할 때에는 평소에 자신이 많이 연습해본 말들이 나오기 마련이다. 반면에 익숙하지 않은 말을 하려다 보면 버퍼링을 거쳐 한참 뒤에 나오거나 끝내 말을 꺼내지 못하는 경우가 많다. 혹자는 이에 대한 해결방법으로 '회화책 한 권 외우기'를 권하기도 한다. 문제는 그런 책에는 나와 상관없는 내용이 많고, 실전에서의 대화흐름이 책 내용처럼 흘러가지 않는다는 데 있다.

따라서 이왕이면 내 이야기를 주제로 한 질문과 평서문을 담은 '나만의 회화책'을 만들어서 외우는 것이 좋다. 그래야 기억하기도 쉽고, 실제로 써먹을 확률도 높다. 이렇게 하다 보면 문장을 만드는 요령이 생겨서 갈수록 말을 만드는 속도가 빨라지기도 한다. 무엇이든지 내가 직접 해보는 것만큼 실력이 빨리 느는 방법은 없다.

복잡하고 어려운 문장을 읽을 수 있고, 문법도 제법 안다고 해서 그것이 나의 스피킹 실력으로 이어지지는 않는다. 스피킹과 독해, 문법은 전혀 다른 영역이라고 생각하는 것이 편하다. 필자 역시 처음에는 그런 생각으로 기초 문장보다는 길고 복잡한 문장들을 먼저 연습했다. 어려운 문법도 잘 알고 있고, 길고 복잡한 문장의 독해도 제법 잘할 수 있으니 말하기도 비슷한 수준으로 해낼 수 있을 것이라고 믿었기 때문이다. 하지만 실전에서는 필자의 스피킹 수준이 초보라는 사실을 절실히 깨달았다. 막상 실전에서 말을 하려다 보니 기초문장조차 바로바로 나오지 않았던 것이다. 여러분 역시 독해와 문법실력이 좋다고 해서 그와 같은 수준에 맞춰 스피킹 연습을 하면 이런 오류를 겪을 가능성이 크다.

자신의 영어 스피킹 수준을 알고 싶다면 지금 당장 내가 오늘 무엇을 했는지를 영어로 말해보라. 이런 일상적인 것들을 편하게 말할 수 있을 때 그다음 단계를 생각할 수 있다. 처음부터 제대로 된 영어를 배우겠다는 생각으로 나와 수준이 맞지 않는 영화나 영어뉴스로 도전하면 얼마 못가 지치고 포기하게 된다.

나와 상관없는 고급스런 표현의 문장 여러 개보다 어설프더라도 내가 만든, 나와 밀접한 관련이 있는 문장 하나가 입을 열게 해준다. 입이 우선 열려야 다음 말도 해보고, 어려운 문장도 써보고, 이것저것 시도해보고 싶은 마음이 생긴다. 간단한 문장을 잘 말할 수 있어야 복잡한 문장을 간단하게 만들어 표현하는 요령이 생긴다.

미션 27

너는 애완동물을 키우니?

Do you keep pets?

영주의 회화노트

I don't keep any pets.

나는 애완동물을 키우지 않아.

I want to have dogs or cats someday.

나는 나중에 개나 고양이를 기르고 싶어.

Especially, I like big dogs like Golden Retriever.

특히 나는 골든리트리버와 같은 큰 개를 좋아해.

I live in an apartment now.

나는 지금 아파트에 살아.

I think it's not easy to keep a big dog in an apartment.

나는 아파트에서 큰 개를 키우기가 쉽지 않다고 생각하고 있어.

So I am thinking about keeping a cat.

그래서 고양이를 키우는 것에 대해 생각 중이야.

I heard from my friend that cats lose a lot of hair.

나는 내 친구에게서 고양이들은 털이 많이 빠진다고 들었어.

It’s hard to raise a life anyway.

어쨌든 한 생명을 기르기는 힘들어.

I will think seriously before keeping dogs or cats.

나는 개나 고양이를 키우기 전에 신중하게 생각할 거야.

______ 의 회화노트

09 바로 실전에서 쓸 수 있는 표현을 익혀라

영어 스피킹 공부나 연습을 하다 보면 '얼마나 공부를 해야 영어로 유창하게 말할 수 있을까?'라는 궁금증이 생기기 마련이다. 그렇다면 '유창한 스피킹'의 기준은 무엇일까? 사전적으로 유창함이란 '쉽고 빠르게 막힘없이 말하는 것'을 의미한다. 여기에 의미를 더한다면, 적절한 단어와 어법을 사용해서 자신의 생각이나 의견을 자연스럽게 전달하는 것이라고 할 수 있다.

유창한 영어 스피킹 단계에 이르는 과정

사람에 따라 다를 수는 있지만, 몇 달 또는 1년 안에 유창한 영어 스피킹 단계에 올라서기는 거의 불가능하다고 볼 수 있다. 몇 달 안에 영어가 유창해질 수 있다고 강조하는 영어학습법은 과대 광고에 불과하다.

불과 1년 만에 유창함에 다다른 사람들은 하루 대부분의 시간을 영어에 투자해 실력이 급속하게 성장한 경우다. 하지만 누구에게나 그런 여건이 주어지지도 않으며, 여건이 주어진다 한들 그들과 똑같은 노력을 들이기도 쉽지 않다.

단기간에 영어가 유창해진다는 것은 그만큼 힘든 일이다. 몇 달 안에 유창한 영어가 가능하다는 영어학습법을 만든 사람들은 과연 얼마 만에 영어가 유창해졌을까를 생각해보면 간단하다. 그들 또한 영어를 오랜 기간 공부했을 것이고, 많은 시행착오를 거쳐서 그런 방법을 생각해냈을 것이다.

사실 영어가 유창해지는 과정은 단순하다. 앞서 설명한 것처럼 내가 당장 쓸 수 있는 말들을 연습하다 보면 입이 트이기 시작하고, 그러고 나면 영어 스피킹이 좀 더 편하고 재밌어지면서 조금씩 영어가 유창해지는 것이다. 그 속도는 자신이 얼마나 많은 시간을 투자해서 지속적으로 스피킹 연습을 하느냐에 달려 있다. 그렇다고 너무 무리한 목표를 세우면 시작하기도 전에 포기하게 되므로, '당장 내가 쓸 수 있는 말'에 집중해서 꾸준히 지속적으로 유창함의 수준을 높여나가는 것이 좋다.

실전에 필요한 문장을 연습해서 멋지게 사용하기

필자는 지금까지 영어를 공부하면서 수많은 영어공부법에 대한 이야기들을 듣고 읽었지만, 그 성공사례들이 필자에게는 해당되지 않는 경우가 많았다. 가장 큰 이유 중의 하나는 막상 외국인을 만났을 때 그런 공부법들이 적용되지 않는 사례가 많다는 사실을 깨달으면서 공부할 의욕이 떨어졌다는 것이다. 그럴 때마다 이런 의구심이 들어서 공부에 집중할 수가 없었다.

'이 방법이 정말 맞는 것일까?'

'이대로 공부하면 언젠가는 영어를 유창하게 할 수 있는 날이 오는 것일까?'

그러다 결국 가장 빠르게 효과를 본 방법이, 내 이야기들을 써보고 연습한 말들을 바로 써먹을 수 있는 환경을 만든 것이었다. 지속적으로 만날 수 있는 외국인이 없어서, 전화영어나 화상영어를 통해 끊임없이 연습한 말을 써보고 또 연습했다. 필자의 경우처럼 여러분의 스피킹 연습상대가 꼭 외국인일 필요는 없다. 친구든 학원이나 스터디 그룹의 파트너이든 내가 연습한 말을 잘 익혔는지 확인할 수 있는 사람이면 누구든 상관없다. 다만 내가 할 이야기들을 미리 연습해봐야만 그 시간에 보다 많은 대화를 할 수 있다.

필자는 스피킹 실력이 늘기 시작하자 텔레비전이나 라디오에서 들은 내용을 영어로 어떻게 표현할 수 있을지가 궁금해졌다. 그래서 그 내용들을 파파고를 이용해가며 영어로 만들다 보니 나만의 회화노트가 점점 늘어갔다. 필자는 지금도 이 방법이 습관화돼 있다.

한 번에 영어 말문이 터지기를 기대하면 안 된다. 영어 스피킹 공부는 위와 같이 내가 연습한 말을 당장 적용해보고, 모르는 표현들을 계속 채워나가는 일의 반복이다. 매일 단 몇 문장이라도 영어로 내 이야기를 만들어 소리 내어 말해보고, 그것이 내 것이 됐는지를 확인해보자.

필자는 〈윤식당〉이라는 TV 프로그램을 보면서 이런 사실을 다시 한 번 확인할 수 있었다. 〈윤식당〉은 스페인의 작고 아름다운 마을에 연예인들이 식당을 열어 그 지역 사람들에게 한국 음식을 파는 콘셉트로 된 프로그램이다. 그런데 대부분의 출연자들이 영어를 사용하는 데 비해 서빙을 맡은 박서준 배우는 스페인어를 곧잘 사용하며 현지 사람들을 응대했다.

그가 원래 스페인어를 할 줄 알았던 것은 아니다. 그 프로그램을 위해 서빙에 필요한 문장들을 배우고 외워서 사용했지만 실전에서 말하고 쓰는 데 전혀 문제가 없었던 것이다. 사실 우리에게 스페인어는 영어보다 생소한 언어여서 공부하기가 쉽지 않다. 그럼에도 그는 '실전에서 필요한 문장'을 연습해서 멋지게 사용했다. 필자는 이 모습을 보면서 '우리에게 익숙한 영어라면 그보다 훨씬 공부하기에 유리한 조건에 있지 않을까?'라는 생각이 들었다.

정말 내게 필요한 말을 먼저 연습하고, 그것을 직접 실전에서 써봤을 때 느끼는 작은 성취감들이 모여야만 영어공부를 지속할 수 있는 힘이 생긴다.

미션 28

너는 보통 크리스마스에 뭐하니?

What do you usually do on Christmas?

혜정이의 회화노트

I usually stay at home on Christmas.

나는 크리스마스에 보통 집에 있어.

My family gets together and plays games.

나의 가족은 모여서 게임을 해.

We have a great meal together.

우리는 함께 맛있는 식사를 해.

We sometimes talk a lot till late night.

우리는 때때로 늦은 밤까지 많은 이야기를 나눠.

But, on Christmas Eve, we usually go to church.

하지만 크리스마스 이브에는 보통 교회에 가.

We watch a play and talk about it.

우리는 연극을 보고 그것에 대해 이야기해.

We also eat tasty snacks.

또한 우리는 맛있는 간식도 먹어.

_______의 회화노트

나만의 시스템으로 영어를 마스터해라

01

작은 변화로 영어 권태기를 극복하자

영어공부를 하다 보면 누구든 한 번쯤 권태기, 즉 공부하기가 힘들고 지칠 때가 오기 마련이다. 여기서는 필자의 사례를 참고삼아 여러분이 이런 권태기를 이겨낼 수 있는 방법에 대해 이야기해보겠다.

하나 공부 분위기를 바꿔본다

《디지털 노마드》의 저자는 '항상 같은 시간, 같은 공간에서 일하는 사람만 보게 되면 내가 하고 있는 일에 대해 고정관념이 생긴다'라고 말한다. 이 말처럼 꼭 고정관념까지는 아니더라도, 늘 같은 공간에서 같은 방식으로 공부를 하면 쉽게 지칠 수 있다. 따라서 때로는 공부 분위기를 바꿔보는 것도 괜찮다. 필자 역시 한창 영어공부를 할 때 강의실에 앉아서 공부하다가도 가끔은 일어나서 돌아다니며 연기하듯 문장을 말해보기도 하고, 캠퍼스 내 햇살 잘 드는 벤치에 앉아서 공부하기도 했다.

여러분도 가끔씩 이런 작은 변화를 시도해보자. 늘 집에서만 공부했다면 가끔씩 집 근처 사람이 좀 있는 커피숍에 가보는 방법도 좋다. 좋아하는 음료를 주문해서 햇살 가득한 창가에 자리를 잡고 여러분이 작문한 문장을 웃으며 읽어보자. 답답했던 마음이 한결 나아질 것이다.

스스로를 칭찬해준다

필자는 매일 영어공부를 열심히 하고 있는 스스로를 칭찬해주곤 했다. '오늘은 파트너와 대화할 때 이 말을 써봤네, 대단해', '어제는 집중도가 떨어졌는데 오늘은 어제보다 낫네', '오늘도 하루 종일 공부하느라 고생했어' 식으로 말이다. 이렇게 나 자신을 토닥이며 격려하는 말을 해주면 묘한 동기부여를 얻을 수 있다.

나만의 스트레스 해소법을 찾는다

나만의 스트레스 해소법을 찾아보자. 공부에도 일탈이 필요할 때가 있다. 필자가 추천하는, 스트레스 해소를 위한 일탈방법은 좋아하는 영상물을 보는 것이다.

필자의 경우 주로 유튜브에서 취향에 맞는 영상물을 보거나 넷플릭스에 업로드된 최신 영화나 미드 시리즈물을 보고 있다(추천 영상물은 Chapter 5 '04 영어로 노는 방법을 찾아라' 참고). 최근에는 넷플릭스에서 LA의 엘리트 부동산 브로커들에 관한 이야기를 다룬 〈Selling Sunset〉을 보기 시작했다. 일단 영화도 아니고 드라마도 아닌 실제 상황을 가미한 점이 흥미로웠다. 또 미드를 즐기면서 주인공들이 자주 쓰는 대사를 익히는 재미도 쏠쏠하다. 위의 드라마의 경우 주인공들이 이런 대사를 자주 한다.

She is my ride or die girl.
그녀는 어떤 상황에서도 나와 함께할 사람이야.

You should own up to it.
너는 그것을 인정해야지.

We are on the same page.
우리는 지금 서로에 대해 잘 알고 이해하고 있다.

필자는 미드를 즐기다가 이런 식으로 반복적으로 나오는 대사를 발견하면 그 뜻이 너무 궁금해서 구글에서 찾아가며 회화노트에 적어놓곤 한다. 놀면서 공부가 절로 되는 셈이다.

대학생 때에는 혼자 강의실에서 공부를 하다가 졸음이 오거나 지루할 때면 노래를 부르기도 했다.

여러분도 가끔씩은 각자 끌리는 방법으로 공부 스트레스를 날려보자. 공부를 하려면 의자에 엉덩이를 붙이고 있는 시간이 길어야 한다는 강박관념으로 스트레스를 꾹꾹 눌러 참을 필요가 없다. 순간순간 스트레스를 표출해야만 공부의 효율도 올라간다.

넷 완벽하게 보다는 꾸준히 천천히 가자

열심히 잘해야 한다는 스트레스에서 벗어나자. 너무 잘하겠다고 하면 몸이 먼저 힘들어진다. 그러면 영어공부가 싫어지고 질린다. 완벽하게 해야겠다는 마음으로 처음부터 에너지를 다 써버리면 그 뒤부터는 맥이 풀린다.

이 책에 있는 30개의 미션을 수행할 때에도 마찬가지다. 처음에는 2줄, 3줄 쓰다가 차츰차츰 문장 수를 늘려나가면 된다. 처음부터 한 페이지를 꽉 채워야지 하면 꾸준히 지속하기가 힘들다. 'Let's take it slow(천천히 가자)'라는 말처럼, 처음에는 영어가 싫어지지 않을 정도의 양을 꾸준히 유지하며 공부하길 권한다.

어느 정도 공부의 경지에 오르면 어느 장소에서나 공부하고 있는 자신을 발견하게 된다. 길을 걸을 때에도, 산을 오를 때에도 영어로 중얼중얼하게 되고, 꿈에서도 영어로 말한다. 대학생 때 한 교수님이 '나는 바다가 고향이라 공부가 안 될 때에는 바닷가 모래사장에 엎드려 공부했지'라는 말을 해준 적이 있다. 당시에는 그게 무슨 말인가 하고 이해를 못했는데, 공부를 하다 보니 그게 어떤 느낌인지 알 것 같았다.

미션 29

너는 스트레스를 어떻게 푸니?

How do you relieve your stress?

영주의 회화노트

I usually try not to get stressed.

나는 대개 스트레스를 받지 않으려고 노력해.

But I can't help feeling stressed when I work.

그러나 일을 할 때 어쩔 수 없이 스트레스를 받아.

Other people relieve their stress by talking with friends.

다른 사람들은 친구들과 이야기하면서 스트레스를 풀기도 해.

But the first way I relieve my stress is to think about if I can solve the problem.

하지만 내가 스트레스를 푸는 첫 번째 방법은 내가 그 문제를 해결할 수 있는지에 대해 생각하는 거야.

If I can deal with it, I don't worry about it anymore.

만약 내가 그 문제를 해결할 수 있다면, 나는 더 이상 그것에 대해 걱정하지 않아.

But If I have no way of solving it, I just go to sleep without thinking about it anymore.

하지만 만약 내가 그것을 풀 방법이 없다면, 나는 그것에 대해 더 이상 생각하지 않고 그냥 잠을 자.

I feel better after I sleep.

자고 나면 기분이 괜찮아져.

It helps me relieve my stress a lot.

그것은 나의 스트레스 해소에 많이 도움이 돼.

_______의 회화노트

02
나와 밀접한 쉬운 문장부터 익혀라

여러분이 이 책을 읽으면서 미션을 잘 수행하고 있는지, 아니면 그 미션들로 인해 스트레스를 받지는 않을지 살짝 걱정이 된다. 만일 영어로 인해 스트레스가 생겼다면, 그 상황에서 벗어나는 방법은 둘 중 하나인 듯하다. 하나는 영어에 대한 집착을 완전히 내려놓는 것이고, 다른 하나는 영어 스피킹 실력에 대한 기준을 낮추고 자신이 할 수 있는 만큼의 목표를 설정하는 것이다.

최고의 영어 스피킹은 내 의사를 명확히 전달하는 것이다

어느 날 필자는 외국인 회사에서 일하고 있는 친구와 이야기를 나눈 적이 있다. 그 친구는 항상 영어를 사용해야 하는 환경에서 오래 근무하다 보니 영어가 꽤 유창했다. 그런데도 그 친구는 필자에게 아직도 영어에서 완전히 자유롭지 못하다고 이야기했다. 뜻밖의 이야기였지만 이유를 듣고 보니 이해가 됐다.

그 친구는 그곳에서 오래 일하다 보니 영어실력보다는 자신의 분야에 대한 폭넓은 지식을 쌓고, 그 지식을 바탕으로 자신의 의견을 '정확하게' 전달하는 능력이 중요하다는 사실을 깨달았다고 했다. 자신의 의견을 충분히 어필할 수 있는 의사전달력이 곧 회사의 매출로 이어지기 때문이다.

이와는 반대되는 사례도 있다. 캐나다에 어학연수를 갔을 때의 일이다. 수업시간에 무난하게 의사소통을 하던 일본인 학생이 있었다. 사실 그녀는 발음이나 영어실력이 한국인 학생에 비해 유달리 뛰어난 편은 아니었다. 그런데 수업시간에 원어민 선생님과 가장 원활하게 소통한 학생은 그녀였다. 그녀가 하는 말은 다른 학생들의 말보다 훨씬 잘 들리고 이해하기도 쉬웠다. 필자가 관찰해본 바로는, 그녀는 쉬운 영어로 정확하고 자신 있게 내용을 전달하는 데 탁월한 면이 있었다.

필자는 이 두 사례를 겪으면서 영어에서 가장 중요한 것은 '자신이 알고 있는 단어와 문장으로 스스로의 의견을 최대한 명확하게 전달할 수 있는 능력'이라는 사실을 깨달았다. 거창한 문장이나 문법에 맞는 문장에 집착하느라 정작 하고 싶은 말은 몇 마디 꺼내지도 못한다면, 그런 영어는 유창한 영어도 나에게 쓸모 있는 영어도 아니다.

영어 스피킹에 대한 기대수준을 낮추자

외국인이 우리와 대화할 때에는 쉬운 문장이더라도 우리의 의도를 명확히 이해할 수 있게 말해주기를 기대한다. 그들과 똑같이 표현하고 말해주기를 바라지 않는다. 입장을 바꿔놓고 생각해 보라. 외국인이 우리말을 좀 서툴게 하더라도 무슨 말을 하는지 명확히 알 수 있다면 한국말을 참 잘한다고 생각하지 않겠는가.

영어에 대한 스스로의 기준을 좀 낮추고, 자신의 의사를 어떻게 하면 쉽게 전달할지에 더 집중하면 영어를 원어민처럼 해야 한다는 스트레스에서 벗어날 수 있다. 필자 역시 그런 집착에서 벗어나면서부터 영어가 재밌어지고 가벼운 마음으로 접근할 수 있는 여유가 생겼다.

쉬운 문장을 우습게 여기지 말고 지속적으로 연습하다 보면, 쉬우면서도 자신의 의사를 명확히 전달하는 데 부족함이 없는 문장들이 의외로 많다는 사실을 알게 된다. 그런 문장들은 쉬워서 익히기도 쉽고 알아가는 재미도 크다. 그리고 그런 문장들을 알아갈수록 기초가 탄탄해지고 있음을 느끼게 된다.

어떤 분야에서 뛰어난 사람들의 이야기를 들어보면 대부분 '기본에 충실하고, 기본을 튼튼히 다지는 것'을 중요시한다는 공통점을 발견할 수 있다. 영어라고 예외가 아니다. 영어를 잘하는 사람들이 오히려 쉬운 문장으로 이야기하는 것은, 그들이 탄탄한 기본 실력을 쌓은 데서 비롯되는 것이다. 처음부터 어려운 문장을 외우고 익히느라 스트레스를 받지 말고 나와 가장 밀접한 관련이

있는 쉬운 문장부터 차근차근 익혀보자. 내가 모르는, 쉬운 문장들만 해도 수없이 많다.

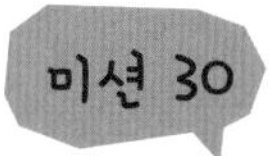

너는 책 읽기를 좋아하니?

Do you like reading?

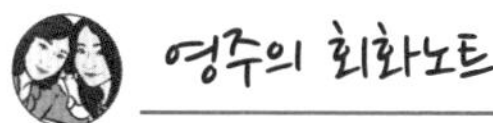

I love reading.

나는 책 읽기를 무척 좋아해.

Reading books is one of my habits.

책 읽기는 나의 습관 중의 하나야.

I went to a book club before.

나는 전에 독서모임에 나갔었어.

It was good to share opinions about books with others.

다른 사람들과 책에 대해 의견을 나누는 것이 좋았어.

These days, I am reading a book about Tasha Tudor.

요즘, 나는 타사 튜더에 관한 책을 읽고 있어.

Tasha is a real person who lived to be 90 years old.

타샤는 90세까지 살았던 실존 인물이야.

She lived the life she wanted.

그녀는 그녀가 원했던 삶을 살았어.

That's why I like her and I want to be like her.

그게 바로 내가 그녀를 좋아하는 이유이고, 나도 그녀처럼 되고 싶어.

I'm happy to know the author's own life know-how with a single book.

나는 책 한 권으로 그 작가만의 인생 노하우를 알 수 있어 너무 좋아.

I think books are the most valuable things for less money.

책은 적은 돈으로 가장 값진 것들을 얻을 수 있는 것이라고 생각해.

______의 회화노트

03

하루 1퍼센트씩 성장하는 습관을 만들자

'매일 꾸준히 일정한 시간을 들여야 영어실력이 는다'와 같은 말을 자주 들어봤을 것이다. 영어뿐만 아니라 무언가를 배우고 익히는 데는 지속성이 필요하다는 의미다.

그렇다면 영어를 계속 공부하게 하는 지속성의 힘은 어디에서 나올까? 일단은 영어를 배워야 한다는 간절함과 절박함이 제일 클 것이고, 재미와 흥미도 그 동기가 될 수 있다. 그밖에도 외국인을 만났을 때 당황하지 않고 간단한 의사소통이라도 하고 싶은 마음이나, 해외여행을 가서 불편함을 겪고 싶지 않아서 등 다양한 동기가 있을 수 있다. 문제는 그 동기에 대한 간절함이 다른 일들에 비해 시급하지 않거나 부족해서 지속성을 유지하기 힘들다는 데 있다.

공부의 지속성을 유지하는 효과적 방법

어떤 동기가 됐든지 스스로 지속성을 유지할 수 있는 방법을 찾는 것이 가장 좋다. 다만 필자가 해본 것 중 공부의 지속성을 유지하는 데 가장 효과가 좋았던 방법을 소개하자면 이렇다.

'목표를 작고, 짧게 잡는다.'

예를 들면 이런 식이다.

'일주일 동안 하루에 3문장씩만 연습하고 외우기'

'여행 일주일 전에 여행에서 필요한 영어표현 연습하기'

'영어로 짧은 일기 써 보기'

3일 혹은 일주일, 길게는 한 달이면 영어공부가 하기 싫어지는 순간이 올 때가 있다. 그럴 때 위와 같이 목표와 방법을 작고 짧게 끊어서 잡아주면 공부하는 마음이 훨씬 편해지고, 목표를 이루기도 쉽다. 무조건 3개월, 6개월, 1년 이상 하나의 방법으로 꾸준히 공부해야 영어가 빨리 늘고 효과가 있다는 생각에 치중하다 보면 작심삼일이 될 가능성이 크다. 영어에 대한 그만큼의 간절함이 없다면 달성하기 쉽지 않은 목표다.

필자는 영어공부를 하면서 수많은 영어공부법에 관한 책을 읽고 실행해봤지만 매번 오래 가지 못했다. 어떤 책에서는 듣기, 읽기, 문법, 단어, 말하기의 방법들을 알려주고 매일 이런 여러 영역들을 한꺼번에 공부해야 한다고 알려준다. 솔직히 하루에 해야 할 공부영역이 너무 많아서 실행도 못해봤다.

또 어떤 책에서는 정말 유용한 영어공부법 하나를 집중적으로 알려주고 나서 그 방법을 하루에 10시간 이상 1년 정도 지속하면 원어민처럼 말할 수 있다고 이야기한다. 방법도 복잡하지 않고, 어떻게든 시간을 낼 수 있을 것 같아 당장 실행해봤다. 결과는 당연히 일주일도 못가 그만뒀다. 하루에 '10시간' 이상씩 '1년'을 꾸준히 공부하는 데는 고3 수험생 못지않은 끈기가 필요한데, 그만한 끈기를 가진 사람은 많지 않다.

또 어떤 책에서는 미드로 공부하는 방법을 알려줘서 그나마 2달 이상 꾸준히 해본 적이 있다. 그러고 나서 두 달 후 그 효과를 시험해보기 위해 전화영어 레벨 테스트를 해봤는데, 영어가 술술 나오기는커녕 쉬운 말조차 버벅거리고 말았다. 순간 의욕이 떨어지면서 힘든 과정을 계속할 자신이 없었다.

책에서처럼 '1년'을 지속적으로 공부하지 않았기 때문이라고 하면 할 말은 없다. 하지만 미드 한 편이 비록 20여분에 불과하다 해도 그 안에 꽤나 많은 대사가 들어 있는데, 그 많은 대사를 외웠음에도 불구하고 나에 대한 간단한 문장조차 말하지 못했다면 문제가 있는 것이다. 다시 말해 내 상황에서는 거의 쓸 일이 없는, 어쩌면 평생 가도 쓸 일이 없는 문장들을 너무 많이 외웠고, 응용해보지도 못한 것이다.

이런 경험들을 하다 보니 2달이든 1년이든 차라리 그 시간 동안 내가 유용하게 쓸 만한 문장들 위주로 공부하는 방법이 결과가 더 좋았을 것이라는 생각이 들었다. 그래서 시작한 것이 이 책에서 제시하는 미션들처럼 단순하지만 보편적인 나에 관한 주제들을 영어로 써 보고 말해보는 방법이었다.

그리고 그렇게 공부한 지 2달이 좀 안 됐을 때 다시 전화영어 레벨 테스트를 해봤다. 결과는 'upper intermediate(상위 중급)' 레벨이었다. 나에 대한 이야기들을 많이 물어보는 전화영어의 특성을 파악해 공부한 덕도 있지만, 책이나 미드에 나오는 문장을 그대로 암기하기보다는 스스로 문장을 만드는 연습을 하는 과정에서 자연스럽게 터득된 순발력이 합쳐진 결과였다. 전화영어뿐만 아니라 실제로 원어민과 대화할 때 역시 대부분 나 또는 상대방에 관한 이야기가 나올 수밖에 없다. 미드 대사와 같은 문장들이 나올 일은 거의 없다.

필자는 위와 같은 방식으로 문장을 쓰고 말하는 연습을 하는데 하루에 많은 시간을 할애하지도 않았다. 그저 하루하루 하나의 미션만 온전히 내 것으로 만들자는 생각만 했다. 그런 과정에서 영어실력이 늘었다는 사실을 확인하고 나서는 공부의 지속성이 절로 생겼다.

내가 할 수 있는 수준의 목표를 세워서 꾸준하게

영어공부의 지속성을 유지하기 힘든 이유 중의 하나가 큰 목표를 세우는 데도 있지만, 처음부터 영어 스피킹에 중요하다는 모든 영역을 매일같이 공부해야 한다는 강박관념이 있어서인 경우가 많다. 예를 들면 '영어방송 하루에 20분 이상 듣기, 단어 30개 외우기, 책 10페이지 읽기, 영어뉴스 10분 이상 듣기, 영어일기 쓰기' 등의 과제를 매일같이 하겠다는 목표를 세운다.

물론 이런 목표를 실행하면 당연히 좋겠지만, 문제는 내가 하루도 빠짐없이 할 수 있느냐 하는 것이다. 따라서 우선은 목표를 무리하게 세우지 말고, 자신이 꾸준히 할 수 있는 수준의 목표를 습관으로 만드는 것이 좋다. 그런 목표를 꾸준히 실천했을 때 생긴 자신감이 더 높은 수준의 목표를 실행하는 기반이 된다.

《지속하는 힘》의 저자 고바야시 다다아키는 습관에 대해 이렇게 이야기한다.

'하루에 1퍼센트 성장할 수 있는 어떤 습관을 내 것으로 만들었다고 해보자. 그것을 1년간 지속하면 어떻게 될까? … 하루에 1퍼센트씩 성장하면 1년이면 365퍼센트 성장한다. 약 400퍼센트, 즉 4배 가까이 성장하는 것이다. 1퍼센트씩 매일 성장하는 것만으로 1년 후에는 그 습관이 없는 사람과 비교해 큰 차이가 나게 된다.'

이 말처럼 우리가 영어공부를 할 때에도 하루에 1퍼센트씩 성장하는 데 집중해보자.

04

내 안의 잠든 영어 잠재력을 깨워라

필자는 대학교 1학년 때 만나서 지금까지 인연을 이어가는 친구가 딱 4명 있다. 서로 다른 곳에 살지만 요즘도 서로의 생일 즈음에는 내려오고 올라오고 하며 만나고 있다. 그 중 한 친구가 최근 영어공부를 다시 시작하고 싶다고 했다. 그러면서 대학 때 부전공이 영어여서 공부하고 싶은 열정은 꽤 있지만, 결혼에 육아에 많은 시간을 흘려보내고 나서 막상 다시 공부를 시작하려니 엄두가 나지 않는다고 했다. 그런데 이런 하소연 끝에 하는 말이 '아, 단어를 잘 몰라서 더 외워야겠어'였다.

우리는 생각보다 많은 것을 알고 있다

앞에서도 이야기했듯이 영어 스피킹 공부를 한다면서 단어장을 사서 단어를 외우는 것은 진짜 돈 낭비, 시간 낭비다. 수능준비생이라면 이 방법이 단기간에 단어를 왕창 외워서 모의고사 성적을 올리는 데 도움이 되겠지만, 영어 스피킹 공부를 한다면서 나와 상관없는 단어를 외우느라 시간을 보내는 것은 정작 스피킹에 도움도 안 될 뿐 아니라 재미가 없어서 오래 가지도 못한다.

필자는 그 친구에게 위와 같은 조언을 해주고 나서 일단 같이 앉아서 영어로 지난 주말에 있었던 일을 말해보자고 했다. 필자는 그 친구에게 우선 길고 복잡한 한글문장을 짧게 끊어보라고 했다. 그런 다음 그 문장들을 영문으로 만들어보게 했더니, 그 친구는 한 단어 두 단어씩 적어나가면서 아주 멋진 문장을 만들어냈다. 단어를 모른다고 했지만 영문을 쉽게 만드는 연습을 하고 나서는 금세 자기가 하고 싶은 말을 정확히 필자에게 전달하게 된 것이다.

필자의 친구뿐만 아니라 누구든 마찬가지다. 우리는 대부분 중·고등학교를 거치면서 완벽히는 아니라도 기본적인 문법틀은 익혀봤다. 졸업하고 나서 다 잊은 듯하지만 몇 번 보다 보면 '아, 어디서 들어본 것 같은데' 하면서 생각보다 빨리 익히게 된다.

아무것도 없다고 생각했지만 사실은 있었습니다.

그렇습니다. 돈, 풍족함, 애정, 자유, 매력, 능력 등은 모든 사람이 갖고 있는 것입니다.

지금은 단지 '모르고 있을' 뿐입니다.

- 고코로야 진노스케

필자는 위의 문구를 보면서 우리가 가지고 있는 영어실력의 잠재성을 생각해봤다. 사실 여러분은 생각보다 많은 것을 알고 있다. 기억을 떠올리게 하는 몇 번의 계기를 겪다 보면 잊은 줄 알았는데 새록새록 생각나는 지식들이 상당히 많다는 사실을 알게 된다.

영어공부를 하면서 이런 경험들을 하다 보면 영어에 대한 두려움이 서서히 사라진다. 하루하루 쌓여가는, 내 이야기로 만든 문장들이 그런 두려움을 삼켜서 영어에 대한 자신감이 넘치게 된 여러분의 얼굴을 상상해보라. 여러분은 생각보다 큰 영어 잠재력을 가지고 있다. 그것을 발판으로 영어가 우습게 보이는 그날까지 꾸준히 연습해나가길 바란다.

05

엄마들의 영어 스피킹 성공기

몇 달 전부터 일주일에 한 번씩 꾸준히 만나는 사람들이 있다. 영어를 다시 시작하고 싶어 하는 '엄마'들이다. 대부분 30대 중후반이고, 영어와 헤어진 지는 거의 10년에서 15년 정도 됐다.

그들을 처음 만났을 때의 기억이 생생하다. 엄마들은 대부분 필자(영주)와의 첫 만남에서 '영어를 졸업한 지 너무 오래 돼서 다시 공부하기 힘들지 않겠냐'라고 걱정 섞인 질문을 던졌다. 그런 엄마들에게 필자는 한 가지만 물었다.

"'나는 학생이다'를 영어로 어떻게 표현하나요?"

그랬더니 바로 'I am a student'가 나왔다. 그 정도면 충분하다고 했다.

그리고 수업 첫날, 서먹함을 없애려고 간단하게 영어로 각자 소개를 부탁했더니 머쓱한 표정으로 머리를 긁적이며 각자 버벅거리면서 자기소개를 했다. 덕분에 화기애애한 분위기에서 수업을 시작할 수 있었다. 처음에는《Basic Grammar in Use》의 몇 페이지를 큰 소리로 읽어보고 응용해보는 시간을 가졌다. be 동사와 일반 동사의 구분과 부정문이나 의문문을 어떻게 만드는지 파악해보기 위해서였다.

그렇게 틀을 잡은 뒤 더 이상 문법은 다루지 않고, 바로 주제가 있는 에세이를 쓰고, 주말에 뭐했는지를 써오는 숙제를 빠지지 않고 시켰다. 공부를 시작한 지 한 달 정도 됐을 때 엄마들의 얼굴에 자신감이 역력했다. 어렴풋이 어떻게 영어공부를 해야 할지를 알게 되면서 영어에 대한 부담이 줄었기 때문이다. 엄마들은 문법 안 따지고 파파고의 도움을 받아 그냥 내 이야기를 문장으로 만드는 쉬운 방법을 알고부터는 아주 편하게 자기가 하고 싶은 말을 하게 됐다.

이런 마음가짐의 변화만으로도 엄청난 성취였다. 어렵고 다가서기 힘든 대상이었던 영어를 편한 마음으로 대하게 된 것만으로도 장족의 발전이었다. 이런 엄마들의 영어 말하기 성공기는 이런 과정으로 이루어졌다.

1. 자신이 하고 싶은 말을 가능한 한 간단하게 쓴다. 이때 하고 싶은 말은 대부분 스스로에 대한 이야기, 특히 거

의 주말에 한 일이다. 쓰다가 잘 모르면 파파고를 이용한다.

2. 자신이 쓴 내용을 집에서 혼자 여러 번 큰 소리로 읽어본다. 이때 내용이 아주 짧더라도 여러 번 읽는다.
3. 그 내용을 외워서 사람들 앞에서 발표한다. 발표할 기회가 없는 경우에는 상대방과 대화한다는 생각으로 이야기하면서 그 내용을 녹음한다. 한 번에 외우기 힘들다면 자주 읽으면서 조금씩 외워나간다. 처음에는 1문장, 2문장으로 시작해서 점차 기억용량을 확장해나간다.

요즘은 여기서 한 단계 더 나아가서 다른 사람의 발표를 듣고 쉬운 질문을 하나씩 하는 연습을 하고 있다.

회화모임 엄마들은 이제 영어 스피킹 공부의 틀이 잡혔다. 수업은 일주일에 한 번뿐이지만 매번 열심히들 숙제도 해오고 준비해온 덕분이다. 이제는 주말일기를 발표하면서 휴대전화에 있는 사진들을 보여주며 설명하는 여유도 생겼다. 처음에 자신은 'I am a student'밖에 모른다고 했던 한 엄마는 얼마 전 전화영어 레벨테스트에서 중급을 받았다며 기뻐했다. 자신감 넘쳐 보이는 그 엄마의 환한 얼굴을 잊을 수가 없다.

영어공부를 다시 시작하고 싶어 하는 엄마들에게 필요했던 것은 단어나 어휘가 아니라 '용기'였다. 그런 용기를 북돋우기보다는 꺾는 데 일조하는 어려운 공부법들이 엄마들이 공부를 시작해 볼 엄두도 내지 못하게 했던 것이다.

다시 강조하지만 우리가 일상에서 하는 이야기들을 영어로 표현할 때에는 어려운 단어나 어휘가 필요 없다. 짧고 간단하고 쉬운 문장으로 나에 대한 이야기를 상대방에게 전할 수 있으면 된다. 그 단순한 사실을 알게 된 것이 엄마들의 용기를 북돋아주고 영어를 만만하게 보게 만들어준 것이다. 지금 당장 여러분도 시작할 수 있다.

06

충분한 인풋으로 자신감을 업시켜라

영어 스피킹 공부를 할 때 '못해도 괜찮으니 자신감을 가지고 입을 열라'라는 조언을 종종 듣는다. 정말로 우리는 자신감이 없어서 그동안 영어를 못했던 것일까? 단어와 문장을 몰라도 자신감만 있으면 되는 것일까?

물론 몇 개의 단어와 문장만으로도 자신감 있게 말하는 사람들이 분명 있다. 하지만 필자의 경우 그런 성격과는 거리가 멀었다. 머릿속에 문장이 맴돌아도 문법에 맞는지, 상황에 따라 어떤 말을 해야 할지 몰라 망설이다 입을 닫은 적이 많았다. 그래서 자신감을 갖고 그냥 입을 열라는 조언이 필자에게는 전혀 와닿지 않았다. 머리로는 알겠는데, 막상 실전에서는 같은 상황이 반복됐다. 문장을 끊임없이 말해보고 연습하는 과정 없이, 얼마 안 되는 단어와 문장으로 때우려다 보니 할 말은 금방 고갈되고, 외국인과의 대화는 어정쩡하게 끝나곤 했다.

나만의 인풋을 쌓아야 실전에서의 자신감을 얻을 수 있다

지금까지 이 책에서 설명한 방법대로 영어 스피킹 연습을 하다 보면 자신감이 생기기 시작할 때가 있다. 내 일상에 대한 이야기, 실전에서 나에게 필요한 문장을 입에 완전히 익도록 연습하고, 그것을 실제로 외국인 친구를 만나서든지, 여행을 통해서든지 활용해보고 효과를 느끼면서 자신감이 서서히 붙기 시작한다. 개인마다 차이는 있겠지만, 이처럼 언어에 대한 자신감은 일반적으로 상대방과 의사소통이 어느 정도 가능하다고 느낄 때 만들어진다.

반면에 필자가 그랬듯이 아무것도 모르는 상태에서 처음부터 자신감만으로 영어 말문을 열기는 쉽지 않다. 단어나 간단한 문장조차 생각나지 않는 상황에서 자신감만으로 영어로 말할 수 있는 방법을 필자는 솔직히 잘 모르겠다. 손짓 발짓을 동원해서 어느 정도의 의사전달은 가능하겠지만, 계속해서 대화를 이어나가기는 힘들지 않을까.

이런 점에서 영어 스피킹에 대한 자신감을 얻는 데 있어서 어느 정도의 인풋은 필수다. 사실 모든 영어공부법이 이 인풋을 어떻게 효과적으로 만드느냐에 관한 방법들이다. 꼭 이 책에서 설명하는 방식대로가 아니라도, 영어회화책이나 영화 등에서 나와 밀접한 관련이 있는 표현들을 찾아서 많이 연습해봐야 한다. 하지만 현실적으로 나의 상황에 딱 들어맞는 책이나 영화를 찾기는 쉽지 않다. 그렇다고 언젠가는 꺼내 쓰겠지 하는 생각으로 회화책이나 영화에 나오는 문장들을 무조건 많이 연습하면, 정작 말문은 안 트이고 공부하는 기간만 길어져서 좌절하기 쉽다.

따라서 처음에 영어일기 쓰기가 조금 번거롭더라도, 내 일상에 관한 쉽고 단순한 문장들을 많이 만들어서 읽고 외우고 녹음하는 습관을 들여야 진정한 '나만의 인풋(input)'을 쌓아나갈 수 있다. 그래야만 공부하는 기간도 줄고 활용도도 높아져서 그러한 인풋을 실전에서 밖으로 꺼내어 표현하는 자신감을 얻을 수 있다.

하지만 충분한 인풋을 가지고 있음에도 혹시 내가 하는 말이 틀릴지도 모른다는 생각, 발음이 이상하게 들릴지도 모른다는 생각 등으로 쉽게 입을 열지 못하는 사람들이 있다. 누구나 다 틀리고 완벽하게 말할 수 없다. 완벽하게 말할 수 있느냐보다 내가 가지고 있는 충분한 인풋을 얼마나 많이 사용할 수 있는지가 더 중요하다. 오히려 이런 과정을 통해 영어 스피킹을 마스터할 수 있게 된다.

글을 끝내며

먼저 이 책을 끝까지 읽어준 독자 여러분에게 감사를 드리고 싶다.

이 책을 선택하기 전까지 독자들은 영어공부에 대한 각자의 고민이 있었을 것이다. 학교를 졸업하고 영어에서 손 뗀 지 오랜 세월이 흘러서 영어공부를 어디서부터 다시 시작해야 할지 막막했던 사람도 있었을 것이고, 영어실력을 업그레이드하겠다는 마음으로 이 방법 저 방법 시도해봤지만 지속적으로 실천하지 못해 늘 실력이 제자리걸음이라고 느꼈던 사람도 있었을 것이다. 또 좋다고 하는 수많은 영어공부법 중에서 현실적으로 무엇을 취사선택해야 할지 몰라 머리가 지끈지끈했던 사람도 있었을 것이다.

앞서 글을 시작하면서 이야기했듯이 우리 역시 그와 비슷한 고민으로 시중에 나온 거의 모든 영어공부법을 연구했고, 그 중 꽤 많은 방법들을 직접 실행해보기도 했다. 그 결과 가장 현실적이면서 최단 기간에 영어 말문을 열 수 있는, 즉 가성비갑인 공부법이 이 책에서 소개한 영어 체화비법 4단계임을 체험으로 알게 됐다.

《아주 작은 습관의 힘》의 저자(제임스 클리어)는 잠들기 전 1분 명상, 매일 1페이지 책 읽기, 틈날 때마다 팔굽혀펴기 1번과 같이 너무나 사소해서 하찮게 느껴질 정도의 작은 반복이 엄청난 변화를 일으킨다고 했다. 필자들 역시 사소한 일상에 관한 한 줄의 영어문장 쓰기로 시작한 작은 습관이 외국에서 살다온 교포만 가능하다고 믿었던 국제회의동시통역사 일을 하게 해주고(오혜정), 영어 스피킹 실력을 높여서 성인 대상 영어회화수업을 진행하게 해주리라고(이영주) 생각지 못했다.

필자들뿐 아니라 영어회화수업을 통해 영어 체화비법 4단계를 체험한 수강생들 역시 다음과 같이 놀라운 효과를 얻었다고 이야기해줬다.

첫째, 영작이 너무 어렵게만 느껴졌는데 파파고 어플을 이용해 아주 간편하게 문법에 맞는 영어문장을 만드니 영어공부가 너무 수월해져 부담이 덜하다.

둘째, 교재에 있는 나와 상관없는 문장이 아닌 '나'에 관한 질문에 대한 내 이야기를 쓰고 읽으니 훨씬 잘 외워진다.

셋째, 처음에는 문장을 길게 쓸수록 멋있다고 생각했는데, 5~6세 아이 수준으로 영어문장을 짧게 만드니 스스로 이해하기 쉽고 상대방을 이해시키기도 쉽다.

이런 반응을 보인 수강생들의 영어실력은 지금도 계속 늘고 있다. 또한 이보다 중요한 사실은 이 방법으로 공부한 수강생들이 영어를 힘들게 정복해야 할 대상이 아니라 쉽게 접근할 수 있는 언어라는 마인드를 갖게 됐다는 것이다.

다만 독자 여러분이 이 책에서 소개한 방법을 실천하다 보면 정체기를 맞을 수 있다. 필자들 역시 이런 시기를 겪었다. 하지만 이 시기를 단순한 정체기로 보면 안 된다. 앞서 소개한《아주 작은 습관의 힘》의 저자는 '중요한 돌파구의 순간이란 이전의 수많은 행위들이 쌓이고 쌓인 결과'라고 했다. 여러분 역시 이러한 정체기를 돌파구의 순간을 맞이하기 위한 과정으로 생각하며 꾸준히 습관을 이어가길 바란다.

《일이 인생을 단련한다》의 저자(니와 우이치로)는 '계속 하다 보면 'Something great(뭔가 멋진 일)'가 일어나는 순간은 반드시 찾아오며, 그 과정을 통해 우리의 삶은 단련되고 완성된다'라고 말한다. 이 책에서 소개한 방법을 실천함으로써 여러분의 인생에 영어 스피킹 실력 향상으로 인한 'something great'가 일어나길 바란다.

마지막으로 이 책이 나오기까지 응원과 격려를 아끼지 않은 가족들과 이 책을 멋지게 만들어 출간하기 위해 애써준 아틀라스북스 관계자분들께 깊은 감사의 말씀을 전한다.